现代 中国语 文法论

현대 중국어 문법론

이민우 지음

신아사

머리말

중국어 문법을 공부하기 시작한 것이 1989년도 봄으로 기억한다. 당시 중국어학을 전공하고 학부생에게 중국어 문법을 가르치시던 허성도 교수님의 강의를 들은 시기이다. 왜 그런지에 대한 의문투성이의 모호하고 불규칙해 보이던 중국어의 규칙은 강의를 통해서 분명하게 드러났다. 물론 해결해야 할 문제들도 많아 보였다. 이러한 출발을 인연 삼아 중국어학 연구에 발을 디뎠으며 대학원에 진학하면서부터는 본격적으로 관심을 가졌다. 그 이후 줄곧 중국어 문법을 통해 제기되는 많은 교학상의 문제들은 중국어를 학문의 대상으로 삼아 공부하도록 하는 중요한 동력이 되었다.

중국어 문법에 관한 교재가 기존에 없던 것은 아니다. 방대한 문법 항목들을 설명하거나 문법의 주요 현상을 실용적이거나 학술적인 입장에서 논의한 저서들도 많이 있다. 다만 개인적인 욕심을 포함하여 필자 자신의 강의의 필요에 부응하는 실용성을 겸비하면서도 학술적인 내용을 함께 조금 더 간추려서 다루어 보자는 취지에서 방대한 중국어 문법의 제반 현상 중 기본적인 현상을 골라 본서를 집필하게 되었다. 한국인의 입장에서 문제가 되는 부분을 최대한 반영하고자 노력하였다. 아울러 사고와 연습을 통해 중국어 문법 현상에 대한 이해를 장절별로 확인하게 하였고 참고문헌 또한 각 장절로 두어 한국에서 중국어 문법 현상에 대한 주 관심 주제가 무엇인지도 함께 확인할 수 있도록 하였다는 점 등이 새로운 시도라고 볼 수 있다.

본서의 내용은 필자 개인만의 연구 결과물이 아니라 지금까지 중국어를 연구해온 여러 선후배 학자 분들의 집적물이다. 필자는 선후배 학자 분들이 이뤄놓은 결과물들을 공부하면서 깨우친 바를 나름대로 정리해 보고자 하였다. 학계의 주옥같은 연구 결과가 없었다면 문법의 제반 현상에 대한 이해도 불가하였을 뿐만 아니라 이 책의 내용 자체를 구성할 수 없었을 것이다. 일일이 각주로 미처 다 새겨 놓지 못한 곳은 참고문헌의 여러 서적을 통해 배운 내용이라고 보아도 무방하며 미리 양해를 구한다.

본서의 내용은 다음과 같다.

제 1 장 문법의 기초편에서는 문법의 개념 및 문법 단위와 구조에 대한 이해를 도모한다.
제 2 장 품사론에서는 중국어 단어들의 기능과 특징을 주요 품사 위주로 다룬다.
제 3 장 성분론에서는 중국어 문장 성분의 주요 기능과 특징을 다룬다.
제 4 장 구문론에서는 중국어의 주요 특수구문들이 가지는 기능과 특징을 다룬다.

책을 한 권 쓴다는 것은 많은 사람의 희생과 봉사 위에서 이루어진다. 먼저 초창기 중국어 문법 연구의 토대를 쌓기 위해 힘든 시기 후학들의 디딤돌이 되어주신 중국어 학계의 스승님들과 선배님들이 계시다. 아울러 함께 연구의 길을 걸어가며 힘이 되어준 선후배 동인들을 잊을 수가 없다. 또한 재직 기간 물심양면으로 학자의 길을 가도록 여러 도움을 주신 성신여대 중어중문학과의 여러 교수님들께도 깊이 감사드린다. 끊임없는 문제 제기를 통해 중국어 문법의 문제가 무엇인지, 기존과 다른 새로운 시각을 통해 필자를 자극하고 독려해준 성신여대의 중국어 문법 수강생들에게도 감사한 마음을 전한다.

실제 책이 나올 수 있도록 도움되는 관련 자료와 논문을 찾아준 성신여대 석사과정 졸업생 남수진 동학, 한국외국어대학교 박사과정의 강희명 선생에게도 감사한 마음이다. 특히 강희명 선생은 편집과 자료의 정리에 자신의 개인적인 시간을 아낌없이 할애하고 아이디어를 내주었다.

신아사의 한규갑 상무님과 편집을 맡아준 김선경님께도 심심한 감사의 인사를 올린다. 거칠고 투박해 보이던 원고가 내용의 부족함에도 보기 좋은 외형을 갖추게 되었다.

끝으로 오랜 세월 공부한다는 핑계로 집안일을 등한히 해온 본인을 따뜻한 마음으로 품어주고 이해해준 가족들 모두에게 감사한 마음을 전한다.

아무쪼록 중국어 문법을 공부하는 분들에게 자그마한 도움이라도 될 수 있기를 바란다.

목 차

II. 중국어 품사론

III. 중국어 성분론

IV. 중국어 구문론

I. 중국어문법의 기초

1. 문법 단위의 이해
2. 문장 성분의 이해
3. 문장 분석법 이해

1 중국어 문법과 문법론의 정의와 이해

언어란 언중들이 특정한 언어 사회 속에서 음성이나 문자 등으로 대화 상대방에게 자신의 생각 · 느낌 따위를 나타내거나 전달하는 데 쓰는 관습적인 체계라고 할 수 있다. 그러기 위해서 언어는 전달하고자 하는 내용과 전달하는 형식을 갖춘 하나의 기호 체계를 구성하며, 규칙을 바탕으로 운용된다. 심지어 언어는 우리의 행동과 사고의 양식을 주조한다고도 하였다(Sapir-Whorf hypothesis).[1)]

그렇다면 우리는 어떻게 문장을 만들어 내는가? 예전의 언어학자들은 후천적 학습설과 선천적 생득설의 이론의 두 가지 상반된 주장을 펼치고 있다. 전자는 경험주의의 이론적 바탕이 되며, 후자는 생성주의의 주요 근거가 된다. 언어학 혁명으로 명명되는 촘스키의 생성주의 문법에서는 기존의 경험주의 문법에 반대하여 인간 언어의 경험적인 측면보다는 생성적인 측면을 강조하였지만, 최근에는 다시 인간 언어의 경험적인 측면을 앞세우는 의미 중심의 인지적 연구가 성행하면서, 이 둘을 절충하려는 방법을 모색하기도 한다. 우리도 또한 언어의 경험적 측면이 생성적 측면을 모두 고려하여야 할 것이며, 특히나 중국어에서는 경험적 측면에 대한 검토가 우선되어야 하리라고 본다.

규칙에 관한 이야기로 돌아와서 다시 질문해 보자. 앞서 말한 언어의 기호 체계가 곧 문법인가? 문법을 축자역을 해보면, 글이나 말의 법칙 또는 규칙이라는 뜻으로, 언어 속에 내재된 언어 조직의 구성 및 운용상의 규칙과 원리로 풀어볼 수 있다. 그렇게 본다면, 언어의 기호 체계를 이루는 규칙이 곧 문법이 된다. 문법을 넓은 의미로 본다면 그렇다. 즉 한 언어 표현을 구성하는 모든 규칙 체계 전반이 바로 문법인 것이다. 그렇게 되면 소리 규칙 연구, 단어 연구, 의미 규칙 연구, 언어 사용 규칙 연구, 문장 구성 연구

---

1) 인류학자인 사피어(Edward Sapir)와 언어학 전공학자인 워프(Benjamin Whorf)는, 언어란 인간들 간의 의사소통을 위한 단순한 요구 이상의 것이며, 우리는 또한 언어를 배우는 데 있어서 사회실재와 우리를 둘러싸고 있는 세계를 해석하는 틀을 배워야 한다고 가정하였다. 언어가 구조에서 다양한 만큼 사회실재에 대한 해석도 다양하다. [네이버 지식백과] 사피어-워프 가설[Sapir-Whorf hypothesis] (사회학사전, 2000.10.30, 사회문화연구소)

등도 모두 문법에 해당할 것이다. 실제 이에 해당하는 언어학 연구 분야들을 보면, 음성학, 음운론, 어휘론, 의미론, 화용론, 통사론 등이 있다. 한편 문법의 의미를 문장을 이루는 단어와 구 등의 순수한 결합 법칙으로 본다면 이를 연구하는 통사론이 바로 문법이라는 명칭에 해당하며 이는 좁은 의미의 문법이라고 할 수 있겠다.

이제 이 좁은 의미의 문법의 개념으로 개별 언어로서의 중국어 문법을 다시 정의해 보면, 중국어 문법이란 바로 단어나 구, 문장 등의 구조에 관련된 규칙 즉 중국어 통사론이라고 하겠다. 한편 문법에 '론'을 붙인다면 중국어 문법 규칙을 논의한 내용이라는 의미를 가진다. 도대체 무엇을 중국어 문법 규칙 체계를 세우는데 문제 삼아야 할지 또 어떤 것을 문제 삼고 있으며, 우리에게 의미 있는 규칙이 무엇인지에 대한 교육적이면서 동시에 학술적 고민을 담고 있음을 표현하는 명칭이라고 할 수 있다. 본고에서의 문법 규칙의 취사 선택과 설명은 다분히 이러한 여러 학자들의 주장을 반영하고 있다.

2 중국어 문법과 단위 이해

앞서 언어의 형식은 곧 언어를 구성하는 형식 요소, 즉 구조 단위를 의미한다. 이러한 구조 속 단위들은 일정한 규칙에 따라 운용되어 온전한 하나의 문장을 이루게 된다. 만약 각각의 구성단위들이 체계에 어긋나고 규칙을 위반하면, '비문' 즉 비문법적인 문장이 된다. 문법 분석가들은 언어구조를 분석하여 그 구조 속 요소들을 크기별로 등급화하여 명칭을 붙였는데, 형태소, 단어, 구, 문장, 단락이 해당한다. 형태소는 문법 단위 중 최소의 의미를 가진 형식 단위로서, 순서대로 계속된 구조 확장을 거쳐서 단어, 구, 문장, 문단 등의 순으로 보다 큰 언어 표현의 구조물을 이룬다.

단어구성	문장구성	문장구성	문장완성	문장의 합
형태소	단어	구	문장	문단

〈표 1〉 중국어 문법 단위

2.1 형태소와 단어

2.1.1 형태소(语素)

음과 뜻이 결합된 문법의 최소 단위이다. 중국어에서는 대부분 1음절 형태소로 이루어져 있다. 단음절이 아닌 단어들은 주로 연면사나 외래어, 의성어에 해당한다.

① 단음절 : 学 xué 배우다　　是 shì …이다
二 èr 2, 둘　　桌 zhuō 탁자, 테이블
就 jiù 바로　　们 men …들
② 연면사 : 玻璃 bōli 유리　　玫瑰 méigui 장미
③ 외래어 : 葡萄 pútáo 포도　　巧克力 qiǎokèlì 초콜릿
④ 의성어 : 丁当 dīngdāng 땡그랑　　丁零零 dīnglínglíng 따르릉

2.1.2 단어(词)

형태소가 일정한 규칙에 의해 결합된 것으로 독립적으로 운용 가능한 최소의 문법 단위이다. 단독으로 문장 구성이 가능하거나, 구나 문장을 구성하는데 독립적으로 활용이 가능하다는 뜻이다.

① 단독 가능

A : 小王在吗？　　샤오왕은 있어요?
Xiǎo Wáng zài ma?

B : 在。　　있어요.
Zài.

A : 谁来了？　　누가 왔어요?
Shéi lái le?

B : 老师。　　선생님요.
Lǎoshī.

② 독립적으로 활용; 단독 불가

春天的校园 chūntiān de xiàoyuán　　봄날의 교정
被他打了 bèi tā dǎ le　　그에게 맞았다
在房间睡觉 zài fángjiān shuìjiào　　방에서 잠을 자다

2.2 단어의 갈래 : 품사(词类)

문장에서 어떻게 쓰이는가, 어떤 형태로 쓰이는가, 어떤 의미를 나타내는가와 같은 기능·형태·의미에 따라 귀납하여 나눈 단어의 갈래를 가리킨다. 통상 기능에 따라 내용어(实词)와 기능어(虚词)로 나누는데, 내용어는 구체적 대상이나 동작·변화·상태 등과 같은 실재적인 의미를 나타내는 단어로, 일반적으로 단독으로 문장성분이 된다. 반면 기능어는 구체적인 어휘 의미가 없으며, 문장에서 단독으로 쓰이지 못하고, 다른 단어와 결합하여 기능적 의미, 다시 말해 문법적 의미를 나타낸다.

① 내용어 : 명사, 대체사, 수사, 양사, 동사, 형용사[2]

---

2) 이탤릭으로 표시된 대체사와 부사는 교재에 따라 실사의 범주에 넣기도 하고 허사의 범주에 넣기도 하는데,

② 기능어 : 부사, 조사, 전치사, 접속사, 의성사, 감탄사

<table>
<tr><th>분류</th><th colspan="2">품사</th><th>예</th></tr>
<tr><td rowspan="10">내용어
(실질어)
实词</td><td colspan="2">명사(장소사, 시간사, 방위사)</td><td>人民, 中國, 朋友, 明天, 上面 ……</td></tr>
<tr><td colspan="2">동사</td><td>寫, 吃, 去, 有, 送, 知道, 是 ……</td></tr>
<tr><td colspan="2">조동사</td><td>能, 會, 應該, 要 ……</td></tr>
<tr><td colspan="2">형용사(구별사)</td><td>高, 快, 短, 好, 干净 ……</td></tr>
<tr><td colspan="2">수사</td><td>一, 二, 十, 百, 千, 萬, 兩· · ·</td></tr>
<tr><td rowspan="2">양사</td><td>명량사</td><td>個, 本, 張, 輛, 隻, 條, 點, 公斤, 毛 ……</td></tr>
<tr><td>동량사</td><td>次, 遍, 回 ……</td></tr>
<tr><td rowspan="3">대체사</td><td>인칭대체사</td><td>我, 你, 他, 她, 我們, 自己 ……</td></tr>
<tr><td>지시대체사</td><td>這, 那兒, 每 ……</td></tr>
<tr><td>의문대체사</td><td>誰, 什么, 哪, 怎么样 ……</td></tr>
<tr><td rowspan="8">기능어
虚词</td><td colspan="2">부사</td><td>都, 就, 也, 不, 再, 已經, 又 ……</td></tr>
<tr><td colspan="2">전치사(개사)</td><td>從, 向, 把, 被, 比, 給, 在 ……</td></tr>
<tr><td colspan="2">접속사</td><td>和, 或者, 但是, 因爲, 只要 ……</td></tr>
<tr><td rowspan="3">조사</td><td>구조조사</td><td>的, 地, 得</td></tr>
<tr><td>동태조사</td><td>了1, 着, 過</td></tr>
<tr><td>어기조사</td><td>嗎, 吧, 呢, 了2</td></tr>
<tr><td colspan="2">감탄사</td><td>喂, 哎呀, 哇, 嗯 ……</td></tr>
<tr><td colspan="2">의성사</td><td>乒乓, 嘩嘩 ……</td></tr>
</table>

이 책에서는 대체사는 내용어에, 부사는 기능어에 넣어 다루었다. 해당 품사 구성원의 성격이 실질적 내용을 담은 어휘에서 기능적 의미만을 가진 어휘까지 다양한 스펙트럼을 보이므로 일률적인 기준을 내세워서 처리하기가 쉽지 않으며, 추후에 논의가 더 필요한 부분이다.

2.3 구와 문장성분

2.3.1 구(词组 / 短语)

단어와 단어가 조합된 것으로 문장을 구성하는 성분이다. 또한 문장 성분으로서 주어, 술어, 목적어 등 문법적 기능을 표현할 수 있는 문법 단위이다.

1) 내용어 + 내용어

① 주술구 : 个子高 gèzi gāo — 키가 크다
② 술목구 : 看小说 kàn xiǎoshuō — 소설을 읽다
③ 수식구 : 很好 hěn hǎo — 아주 좋다
④ 술보구 : 听清楚 tīng qīng chu — 똑똑하게 듣다
⑤ 연합구 : 我和你 wǒ hé nǐ — 나와 너
⑥ 동위구 : 我们年轻人 wǒmen niánqīngrén — 우리 젊은이들
⑦ 양사구 : 一个人 yī ge rén — 한 사람
⑧ 방위사구 : 公园左边 gōngyuán zuǒbiān — 공원의 왼쪽

2) 내용어 + 기능어

① 전치사구 : 在家 zài jiā — 집에 있다
② '的'자구 : 我的 wǒ de — 나의, 내
③ '所'자구 : 所知道的 suǒ zhīdào de — 알고 있는 것, 아는 것
④ 비유구 : 累似的 lèi sìde — 유사한, 비슷한

3) 관용구(固定词组)

① 성어 : 马到成功 mǎ dào chéng gōng — 신속하게 승리하다, 일이 빨리 이루어지다
② 관용어 : 开玩笑 kāi wánxiào — 농담을 하다, 놀리다
③ 일부 고유명사 : 计划生育 jìhuà shēngyù — 가족계획, 산아제한계획

2.3.2 문장 성분(句法成分)

문장성분은 문장 내부의 단어나 구 등의 언어 단위를 해당 문장에서의 기능에 따라 나눈 것이다.

1) 주요성분

중심어로 주어, 술어, 목적어가 해당한다.

① 주어(主语) : 진술의 대상이다. 주로 동작행위나 상태의 주체가 주어로 온다.

我来，他去。 Wǒ lái , tā qù.	나는 오고 그는 간다.
她很漂亮。 tā hěn piàoliang.	그녀는 아주 예뻐요.

② 술어(述语) : 주어에 대한 진술을 하는 성분이다. 동사나 형용사와 같이 행위나 상태를 나타내는 단어를 중심어로 한 어구가 술어로 온다.

小李看电影。 Xiǎo Lǐ kàn diànyǐng.	샤오리는 영화를 봐요.
我们学习汉语。 Wǒmen xuéxi Hànyǔ.	우리는 중국어를 공부해요.

③ 목적어(宾语) : 동작의 지배와 영향을 받는 대상이다. 동작 행위는 목적어와의 결합을 통해 구체적인 행위가 결정된다.

小孙打了小李。 Xiǎo Sūn dǎ le Xiǎo Lǐ.	샤오쑨이 샤오리를 때렸어요.
我给他打电话。 Wǒ gěi tā dǎ diànhuà.	나는 그에게 전화를 걸었어요.

2) 부가성분

부가어라고 하며, 중심어의 앞뒤에서 수식하거나 보충하는 작용을 한다. 수식하는 성분 앞에 오는 것은 관형어와 부사어이고, 수식하는 성분 뒤에 오는 것은 보어이다. 명사류를 수식하는 것은 관형어이고, 동사류를 수식하는 것은 부사어와 보이다. 관형어와 부사어, 보어의 수식을 받는 피수식 성분은 전체 어구의 중심이란 의미에서 중심어라고 한다.

① **관형어(定语) :** 명사성 중심어 앞에서 수식 작용을 한다.

新书 xīn shū 새 책　　好人 hǎo rén 좋은 사람

② **부사어(状语) :** 동사 · 형용사성 중심어 앞에서 수식 · 제한 기능을 한다.

很漂亮 hěn piàoliang　아주 예쁘다
大声说话 dàshēng shuō huà　큰 소리로 말하다

③ **보어(补语) :** 동사 · 형용사성 중심어 뒤에서 보충 작용을 한다.

看清楚 kàn qīngchu　똑똑히 보다, 정확하게 보다
听懂了 tīngdǒng le　알아들었다, 이해했다

2.4 문장의 정의와 분류

2.4.1 문장의 정의

문장이란 일정한 어조를 가지고, 독립적으로 완전한 의미를 나타낼 수 있는 언어의 실제적인 최소 운용 단위이다.

2.4.2 기능별 분류

1) 평서문(陈述句) [마침표。]

말하는 이가 듣는 이에게 어떤 요구, 지시, 물음의 의도가 없이 자기의 생각만을 평범

하게 나타내는 문장이다.[3)]

我们很好。 우리는 아주 좋아요.
Wǒmen hěn hǎo.
我去学校。 나는 학교에 가요.
Wǒ qù xuéxiào.

중국어에서는 이를 사분하기도 한다.[4)]

① 서술체(叙述体) : 第二天，他们就坐飞机从北京去上海了。
Dì'èr tiān, tāmen jiù zuò fēijī cóng Běijīng qù Shànghǎi le.
다음 날, 그들은 비행기를 타고 베이징에서 상하이로 갔어요.

② 묘사체(描写体) : 天山的蘑菇又大又肥厚，鲜嫩无比。
Tiānshān de mógu yòu dà yòu féihòu, xiānnèn wúbǐ.
톈산의 버섯은 크고 두툼한데다, 더할 나위 없이 연해요.

③ 설명체(说明体) : 一个冰棍一块五。아이스크림이 한 개에 1원 50전이에요.
Yí ge bīnggùn yí kuài wǔ.
这个房子我已经买下了。이 집을 나는 이미 사들였어요.
Zhè ge fángzi wǒ yǐjīng mǎixià le

④ 논설체(论说体) : 从而证明这些地方古时候曾被大海所淹没。
Cóng'ér zhèngmíng zhè xiē dìfang gǔ shíhou céng bèi dàhǎi suǒ yānmò.
그리하여 이 지역이 옛날에는 바다에 잠겼었음을 증명했다.

이를 통해 평범한 생각을 나타내는 방식이 사건의 기술, 사건이나 상황의 묘사, 사실의 설명, 자기 주장의 표현 등으로 그 다양함을 알 수 있다.

3) 평서문 basic 중학생을 위한 국어 용어 사전.
http : //terms.naver.com/entry.nhn?docId=921828&cid=3423&categoryId=3423

4) 일부 예문과 분류는 刘月华(2001 : 25~30)을 참조.

2) 의문문(疑问句) [물음표?]

화자(話者)가 청자(聽者)에게 물어 그 대답을 요구하면서 언어내용을 전달하는 문장이다.[5]

最近怎么样？ 요즘 어때요?
Zuìjìn zěnmeyàng?
他来学校吗？ 그 사람이 학교에 와요?
Tā lái xuéxiào ma?

3) 감탄문(感叹句) [느낌표!]

상대방을 의식하지 않고 자신의 감정 · 느낌을 강하게 표현한 문장이다.[6]

时间过得真快！ 시간이 정말 빨리 지나는구나!
Shíjiān guò de zhēn kuài!
这件衣服真漂亮！ 이 옷은 참 예쁘구나!
Zhè jiàn yīfu zhēn piàoliang!

4) 명령문(祈使句；命令句) [느낌표!]

말하는 이가 듣는 이에게 무엇을 시키거나 어떤 행동을 하도록 요구하는 내용의 문장이다.[7]

快过来！ 어서 (이리로) 건너와!
Kuài guòlái.
请你来一趟！ 한 번 왔다 가세요!
Qǐng nǐ lái yí tàng.

---

5) [네이버 지식백과] 의문문 [疑問文] (두산백과)
http : //terms.naver.com/entry.nhn?docId=1185508&cid=40942&categoryId=32972
6) [네이버 지식백과] 감탄문 [exclamatory sentence, 感歎文] (두산백과)
http : //terms.naver.com/entry.nhn?docId=1056710&cid=40942&categoryId=32972
7) [네이버 지식백과] 명령문 [命令文] (두산백과)
http : //terms.naver.com/entry.nhn?docId=1168580&cid=40942&categoryId=32972

2.4.3 술어유형별 분류

1) 동사술어문 : 술어가 동사(구)로 이루어짐.

他**走了**。 Tā zǒu le.	그는 갔어요.
我**是大学生**。 Wǒ shì dàxuéshēng.	나는 대학생이에요.

2) 형용사술어문 : 술어가 형용사(구)로 이루어짐.

这部电影**非常好看**。 Zhè bù diànyǐng fēicháng hǎokàn.	이 영화는 굉장히 재미있어요.
今天**热死了**。 Jīntiān rè sǐ le.	오늘 더워죽겠어요.

3) 명사술어문 : 술어가 명사(구), 대명사, 수사로 이루어짐.

我**北京人**，他**上海人**。 Wǒ Běijīng rén, tā Shànghǎi rén.	나는 베이징사람이고, 그는 상하이 사람이에요.
她今年**二十岁**。 Tā jīnnián èrshí suì.	그녀는 올해 20살이에요.

4) 주술술어문(이중주어문) : 술어가 주술구로 이루어짐.

他**个子很高**。 Tā gèzi hěn gāo.	그는 키가 아주 커요.
我们**身体很健康**。 Wǒmen shēntǐ hěn jiànkāng.	우리는 몸이 아주 건강해요.

问&答

问 : 품사(단어)랑 문장 성분이랑 어떻게 다른가요?

答 : 간단히 말하면 품사는 해당되는 여러 조건을 만족하여 자격을 부여 받은 개별 단어를 가리키며 문장 성분은 문장 안에서 기능하는 단어 또는 단어의 조합을 의미합니다.

아래 계열관계와 결합관계로 품사와 문장 성분을 구별해서 보도록 합니다. 가장 전형적인 동사술어문인 명사 + 동사 + 명사로 이루어진 문장들입니다.

아래로 비슷한 단어들이 나열되어 있는 것을 계열 관계라 생각하고 왼쪽에서 오른쪽으로 단어들이 결합해서 문장을 이루는 걸 결합 관계라고 생각하면 됩니다. 좁은 의미의 문법 즉 통사론은 이 단어와 단어들 간의 결합 관계를 밝혀 주는 겁니다. 그럼, 결합관계는 이거 하나뿐인가요? 문장에서 행위의 주체는 보통 주어로 나옵니다. 그 행위의 영향이나 동작의 지배를 받는 대상은 목적어가 되고요. 대부분의 주어는 행동을 스스로 할 수 있는 자격을 갖추고 있죠? 범위를 넓혀 주어나 목적어로 올 수 있는 것들은 생명이 있든 없든 물체이죠? 이들은 문장에서 이렇게 쓰이는 기능을 가지고 있으므로 이 계열의 단어들을 명사라고 부르기로 하였습니다. 술어로 온 동사들은 이들이 문장에서 명사 뒤에 와서 어떤 행위가 일어나는가를 보여주므로 동사라고 부르기로 한 겁니다. 어떤 어휘들이야? '문장에서 이런 저런 기능을 가진 어휘야'라고 하면 이는 계열 관계로 품사가 무엇인가를 묻는 것입니다. 그런데 만약 '이 문장에서 얘는 뭐로 쓰였어?'라고 묻는다면 '응, 그건 목적어로 쓰였어, 또는 응, 그건 주어로 쓰였어' 이렇게 대답할 겁니다. 이것이 바로 문장성분이 무엇인지를 답한 것이 되죠.

관계	결합 관계 →				
	주어	+	술어	+	목적어
계열 관계 ↓	我	+	吃	+	苹果
	你	+	看	+	书
	小李	+	教	+	汉语
	小安	+	玩	+	遊戏机
	小曹	+	喜欢	+	小安
	小金	+	喝	+	粥
	爸爸	+	听	+	音乐
	妈妈	+	洗	+	脸

3 중국어 문법 구조 분석 방법론

3.1 중심어 분석

문장을 구성하는 성분들을 중심어 중심으로 나누고 다시 이를 단어별로 나누어간다. 한국어의 '주부 술부 분석론' 및 '주어 술어 분석론'의 두 가지를 모두 고려하여 분석해 볼 수 있다.[8)]

三班班长//用几句话就向老师说清楚了班里刚才发生的不愉快的事情。

Sān bān bānzhǎng yòng jǐ jù huà jiù xiàng lǎoshī shuō qīngchu le bānli gāngcái fāshēng de bù yúkuài de shìqing.

3반 반장은 몇 마디 말로 곧 선생님께 방금 반에서 일어난 불미스러운 사건을 분명하게 말했다.

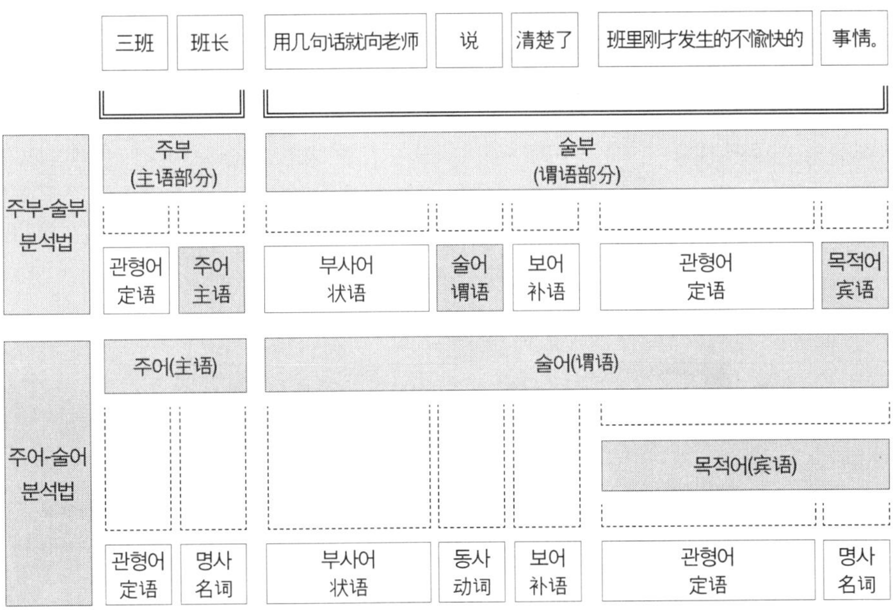

8) 주어-술어 분석법이 문장의 구조를 체계적으로 보여주는 장점이 있다고 본다. 다만 명사나 동사는 단어의 품사를 지칭하므로 명사 중심어, 동사 중심어라고 하여야 할 것이다.
이에 관한 자세한 논의는 오문의(2013)의 〈중국어문법기술상의 몇가지 문제에 대한 담론-문장성분과 관련하여〉, 중국문학 74집 참고.

3.2 중괄호분석

중괄호 분석은 각각의 인접한 어구와 어구 간의 우선 결합 순위를 중괄호로 구분하여 파악하므로 구체적으로 해당 단어 내지 어구가 어느 단계에서 결합이 이루어지면 어떤 순서로 이루어지는지 살필 수 있는 좋은 방법이다.

[[S三好学生] [P[[思想$_{s1}$][好$_{p1}$]], [[学习$_{s2}$][好$_{p2}$]], [[身体$_{3}$][好$_{p3}$]]]]。

삼호 학생은 생각이 건전하고 학업이 우수하고 신체가 건강하다.

3.3 수형도 분석

수형도(Tree Diagram)란 나뭇가지 모양의 그림으로 결합 순서에 맞추어 단계별로 어구를 보여줄 수 있으므로 문장 구조 분석을 위한 유용한 분석방식이다. 여기서는 주술술어문의 대주어-대술어, 대술어내 소주어-소술어들의 구조를 잘 보여주는 수형도를 소개한다.

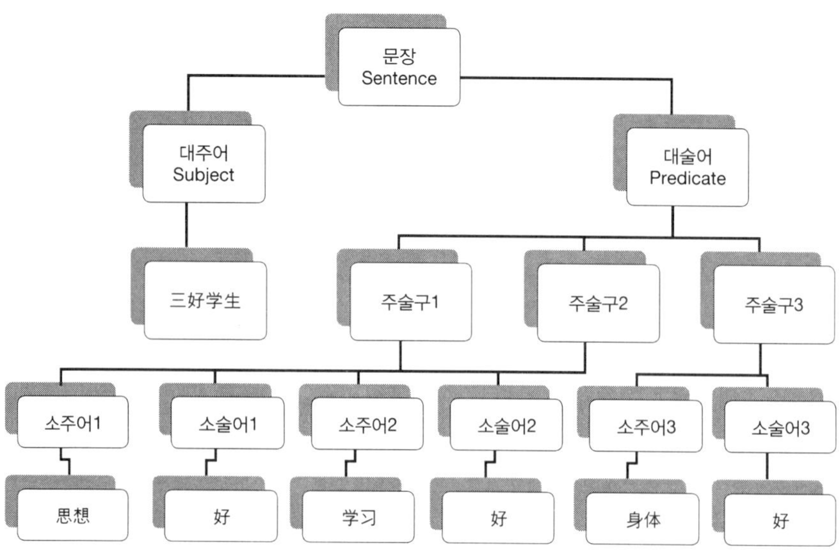

② 外已经没有人了。

➜

③ 我在北京里有很多朋友。

➜

参考资料

郭晓沛 2006《对外汉语量词教学的偏误分析》, 天津师范大学 硕士.
김양진, 단명결 2013 〈한 · 중 한자어 분류사 '건'(件)에 대한 통시적 연구〉, 국어사연구 제17호.
김영민 2008《현대중국어 양사 연구》, 고려대학교 박사학위논문.
김종호.강희명 2011『중국어 쉬운 문법』, 다락원.
김종호, 황후남 2012 〈汉韩复数标志'-们'和'-들'对比〉, 중국언어연구 제40집.
김종호 1999 〈현대 韓 · 中 두 언어의 주관성 정도표시 부사의 용법 대조 분석〉, 중국어문학논집 12.
박귀진 · 민병석역 2010『왜라는 질문에 속 시원히 답해주는 중국어문법책』, 시사중국어사.
박민수 2009 〈한국어와 중국어 방위사 "前、后、上、下"의 비교분석〉, 比較文化研究 Vol.13.
백은희 2009 언어유형학적 관점에서 본 중국어의 수 범주, 중국문학 60집
백은희 2012 〈중국어 개체양사의 출현과 문법화 과정에 대한 통시적 고찰〉, 중국문학 제72집.
石定栩 2011『名词和名词性成分』, 北京大学出版社.
신미경 2013 〈중국어 '们'과 한국어 '들'의 복수표현 대조 연구〉, 중국학연구 제63집.
심성호 2011 〈한국어 · 중국어 인칭대명사의 대응관계 : 중국인 학습자를 위한 관점에서〉, 중국어문학 제57호.
袁毓林 1992 〈现代汉语名词的配价研究〉, 中国社会科学 第3期.
刘丹青 1988 〈汉语量词的宏观分析〉, 汉语学习 第4期.
刘丹青 2008 〈汉语名词性短语的句法类型特征〉, 中国语文 第1期.
刘顺 2003『现代汉语名词的多视角研究』, 学林出版社.
刘顺 2004 〈认知视点下的现代汉语名词研究〉, 南京林业大学学报 第3期.
刘月华、潘文娱、故韡 2001『实用现代汉语语法(增订本)』, 商务印书馆.
刘学敏、邓崇谟 2001『现代汉语名词量词搭配词典』, 浙江教育出版社.
이정복 2013 〈한국과 중국의 통신 언어 호칭어 '님'과 '亲(친)'의 쓰임〉, 우리말글 제58집
이창호, 이지현 2011 〈현대중국어 명사 어구의 유형 분석〉, 중국어문학논집 제67집.
이창호 2009 〈코퍼스에 기초한 '수사 + 개체양사 + 的 + 명사' 분석: 현대중국어 명사 어구 연구의 한 방법론〉, 중국어문학논집 제58집.
张玉 2010《韩国学生学习汉语量词的偏误分析及教学对策》, 复旦大学 硕士.
장효화 2012《한국어 분류사와 중국어 양사의 대비 연구》, 울산대학교 석사학위논문.
전기정 2008 〈한국어 '이, 그, 저'와 중국어 '저, 나'의 지시 관계〉, 중국어문학논집 제49호.

정상희 2010《중국어 양사와 한국어 단위명사의 용법 대조 연구: HSK 어휘를 중심으로》, 단국대학교 석사학위논문.

정성임 2013《현대 중국어 '一＋量＋名' 구문 연구》, 부산대학교 박사학위논문.

정우영, 양호 2013〈한국어와 중국어 수량 표현구의 구조 비교 = 韩语和汉语数量短语的结构比较〉, 철학 · 사상 · 문화 Vol.16.

中科院语言研究所词典编辑室 2005『现代汉语词典』, 商务印书馆.

何杰 2008『现代汉语量词研究』, 北京语言大学出版社

胡晓清, 李淑娟 2007〈汉韩拟亲属称谓语类型学对比研究〉, 중국인문과학 제37집.

2 형용사와 구별사

主要论点

형용사를 분류하고 성질형용사와 상태형용사의 기능과 특징을 살펴보자.
형용사의 중첩 형식과 구별사의 기능과 특징을 살펴보자.

2.1 형용사(形容词)

형용사란 사람이나 사물의 성질이나 상태, 동작이나 행위의 상태를 나타내는 단어이다.

2.1.1 형용사의 분류

형용사는 쓰임과 의미에 따라, 일반형용사, 구별사, 술어형용사로 구분할 수 있다.

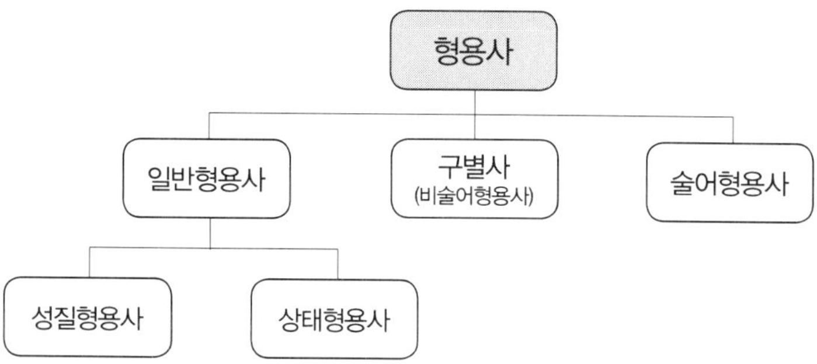

1) 성질형용사(性质形容词)

성질형용사는 '사람이나 사물의 모습과 성질'을 나타내는 형용사로, 문장에서 주로 술어나 관형어로 쓰인다.

好 hǎo 좋다, 건강하다
大 dà 크다, 강하다
高 gāo 높다, 키가 크다
矮 ǎi 낮다, 키가 작다
美丽 měilì 아름답다
正确 zhèngquè 정확하다
清楚 qīngchu 뚜렷하다
干净 gānjìng 깨끗하다

2) 상태형용사(状态形容词)

상태형용사는 '동작이나 행위 등의 상태'를 표현하는 형용사로, 단어 안에 비유 의미가 결합된 이음절 형식이나 단어를 중첩한 형식으로 '的'와 결합하여 관형어나 술어, 보어 등으로 쓰인다.

笔直 bǐzhí 똑바른
通红 tōnghóng 새빨간 태양
黑乎乎 hēihūhū 시꺼멓다
喜洋洋 xǐyángyáng 매우 기쁘다
好好儿的 hǎohāor de 좋다
慢慢儿的 mànmānr de 느리다, 천천히 하다

3) 구별사(区别词, 非谓形容词)

구별사는 문장에서 관형어로만 기능하는 특수한 형용사를 가리키는데, 술어로 쓰이지 않아 '비술어형용사'라고도 한다.

男 nán 남성의
女 nǚ 여성의
公共 gōnggòng 공공의
主要 zhǔyào 주요한
初级 chūjí 초급의
新型 xīnxíng 신형의

4) 술어형용사(唯谓形容词)

술어형용사는 문장에서 술어로만 쓰이는 형용사를 말한다.

对 duì 맞다, 옳다
久 jiǔ 오래다
烦 fán 귀찮다, 성가시다
广 guǎng 넓다, 광범위하다
准时 zhǔnshí 정시에
差劲儿 chàjìnr 나쁘다, 형편없다

2.1.2 형용사의 특징

1) 형용사는 직접 형용사로 쓰일 수 있다. 성질형용사는 정도부사의 수식을 받고, 상태 형용사는 '的'와 결합하여 쓴다.

今天**很**冷。오늘은 추워요. 今天是冷。(X)
Jīntiān hěn lěng.

这些纸都雪白**的**。이 종이들은 모두 새하얗다.
Zhè xiē zhǐ dōu xuěbái de.

2) 형용사는 목적어를 갖지 않는다.

他身体一直很**好**。그는 몸이 줄곧 건강하다. 他一直很好身体。(X)
Tā shēntǐ yìzhí hěn hǎo.

3) 일부 형용사는 중첩이 가능하며, 중첩 후에는 그 의미가 강해진다.

大大 dàdà 크다
好好儿 hǎohāor 잘, 좋다
高高兴兴 gāogaoxìngxìng 아주 즐겁다
笔直笔直 bǐzhíbǐzhí 매우 곧다
热乎乎 rèhūhū 따끈따끈한
糊里糊涂 húlihútú 어리석은

4) 성질이나 속성을 나타내는 성질형용사는 '不'로 부정하지만, 상태 변화를 나타내는 경우는 '没'로 부정한다.

近来他身体**不**好，让他休息吧。최근 그는 몸이 좋지 않으니, 그를 쉬게 하죠.
Jìnlái tā shēntǐ bú hǎo, ràng tā xiūxi ba.

这种材料**不**结实，换别的吧。이런 재료는 튼튼하지 않으니, 다른 걸로 바꾸죠.
Zhè zhǒng cáiliào bù jiēshi, huàn biéde ba.

天还**没**亮，再睡一会儿吧。날이 아직 밝지 않았으니, 좀 더 자도록 해요.
Tiān hái méi liàng, zài shuì yíhuìr ba.

我**没**着急，只是有点儿担心。나는 초조한 게 아니라, 단지 좀 걱정될 뿐이에요.
Wǒ méi zháojí, zhǐshì yǒudiǎnr dānxīn.

5) 형용사는 여러 가지 의문형식을 취할 수 있다.

① '吗'의문문 : 这本书厚**吗**? 이 책은 두꺼워요?
Zhè běn shū hòu ma?

这本书很厚吗? 이 책이 두꺼워요?
Zhè běn shū hěn hòu ma?

② 정반의문문: **这本书厚不厚?** 이 책은 두꺼워요, 안 두꺼워요?
Zhè běn shū hòu bú hòu?

③ 선택의문문: **这本书厚还是薄?** 이 책은 두꺼워요, 아니면 안 두꺼워요?
Zhè běn shū hòu háishì báo?

④ 의문대체사: **这本书怎么样?** 이 책은 어때요?
Zhè běn shū zěnmeyàng?

'吗'의문문, 정반의문문, 선택의문문에 대한 대답에는 '很'이 필요 없지만, '怎么样'에 대한 대답에는 '很'이 필요하다.

A : **他最近怎么样?** 그는 요즘 어때요?
Tā zuìjìn zěnmeyàng?

B : **(他)很好。** 그는 괜찮아요.
(tā)hěn hǎo

2.1.3 형용사의 쓰임

형용사는 문장에서 주로 관형어, 술어, 부사어, 보어 등으로 쓰인다.

1) 관형어

형용사의 가장 중요한 쓰임은 명사어구를 수식하는 것이다. 단음절 형용사나 구별사는 '的' 없이 명사와 결합할 수 있다.

新书 xīn shū 새 책
老朋友 lǎo péngyǒu 오랜 친구
男人 nánrén 남자
初级汉语 chūjí Hànyǔ 초급중국어

이음절 형용사나 중첩형식, 상태형용사는 대부분 '的'를 필요로 한다.

聪明的动物 cōngmíng de dòngwù 똑똑한 동물
蓝蓝的天空 lánlán de tiānkōng 새파란 하늘
冰凉的脸 bīngliáng de liǎn 차가운 얼굴
挺美丽的女人 tǐng měilì de nǚrén 꽤 아름다운 여인

2) 술어

형용사 술어는 말하는 이의 마음이나 태도를 포함한다. 성질형용사와 술어형용사는 보통 정도부사의 수식을 받는다.

这个孩子**真**可爱。Zhè ge háizi zhēn kě'ài. 이 아이는 진짜 귀여워요.
他也**太**差劲儿。Tā yě tài chàjìnr. 그도 참 형편없구나.

형용사의 중첩형식과 상태형용사는 반드시 '的'와 결합하여 술어로 쓰인다.

事情已经明明白白**的**。Shìqing yǐjīng míngmíngbáibái de. 사건은 이미 명명백백하다.
屋里黑乎乎**的**。Wū lǐ hēihūhū de. 방안이 어두컴컴하다.

3) 부사어

단음절 형용사는 단음절 동사와 직접 결합할 수 있다.

快跑 kuài pǎo 빨리 뛰다
少说话 shǎo shuōhuà 말을 적게 하다
多听**多**说 duō tīng duō shuō 많이 듣고 많이 말하다

동작자를 묘사하거나 이음절 형용사 혹은 형용사 중첩형식의 경우, 대개 '地'와 함께 쓰인다.

仔细**地**告诉 zǐxì de gàosu 자세하게 알려주다
慢慢**地**走路 mànmàn de zǒulù 느릿느릿 길을 걷다
非常痛快**地**玩儿 fēicháng tòngkuài de wánr 아주 즐겁게 놀다.

일부 이음절 형용사는 '地' 없이 직접 부사어로 쓰이기도 한다.

认真学习 rènzhēn xuéxí 열심히 공부하다
努力工作 nǔlì gōngzuò 열심히 일하다

4) 보어

형용사가 보어로 쓰일 때는 결과보어냐 정태보어냐에 따라, '得'를 쓰기도 하고 안 쓰기도 한다.

결과보어 : **听明白** tīng míngbai 알아듣다　　**吃饱了** chī bǎo le 배불리 먹다
정태보어 : **看得清楚** kàn de qīngchu 잘 보다　　**疼得厉害** téng de lìhai 너무 아프다

일반적인 묘사 의미를 나타낼 때는 정도부사를 더해주고, 중첩형식인 경우는 뒤에 '的'를 붙여준다.

吃得**很**好 chī de hěn hǎo 잘 먹었다
穿得**非常**漂亮 chuān de fēicháng piàoliang 아주 예쁘게 입었다
擦得亮亮**的** cā dé liàng liàng de 반짝반짝하게 닦다
长得胖乎乎**的** zhǎng de pànghūhū de 포동포동하게 살이 쪘다

2.2 성질형용사와 상태형용사

2.2.1 성질형용사의 특징

1) 성질형용사의 정도표현

형용사의 상태가 갖는 정도의 차이를 나타낼 때는 정도부사를 활용한다. 특히 '有点儿'[23]은 부정적인 뉘앙스를 표현한다.

非常热 fēicháng rè 대단히 덥다　　**很**热 hěn rè 매우 덥다
有点儿热 yǒudiǎnr rè 조금 덥다

① 정도차의 크기

不太大 < **比较**大 < 大 < **挺**大 < **很**大 < **非常**大 < **极**大

② 상대정도 표현 : 부사 '最, 更, 还'의 사용

비교객체가 존재하며 삼자 비교에는 最를 양자 비교에는 更、还를 사용한다.

最好 zuì hǎo 가장 좋다　　**更**好 gèng hǎo 더 좋다

23) 183쪽 부사 편에서 一点儿과의 비교를 참조

③ 절대정도 표현 : 부사 '特别, 非常, 太, 很, 比较, 相当'의 사용

특정 비교 객체가 아닌 일반 기준으로 정도 심화를 표현한다.

特别大 tèbié dà 특히 크다　　**非常高兴** fēicháng gāoxìng 아주 기쁘다
太多 tài duō 너무 많다　　**很干净** hěn gānjìng 깨끗하다
比较忙 bǐjiào máng 비교적 바쁘다　　**相当长** xiāngdāng cháng 상당히 길다

2) 성질형용사의 부정표현은 부정부사 '不'를 사용한다.

不热 bú rè 덥지 않다　　**不清楚** bù qīngchu 분명치 않다

3) 성질형용사의 관형어 기능

일부 단음절형용사는 제한적으로 명사를 직접 수식할 수 있다.

白纸 báizhǐ 백지, 흰 종이　　(X) 白家具
短发 duǎnfà 짧은 머리　　(X) 短布

이음절 형용사가 단음절 명사를 수식할 때는 반드시 '的'가 있어야 하지만, 이음절 명사를 수식할 때는 '的'가 있어도 되고 없어도 된다.

好看的书 hǎokàn de shū 재미있는 책
好看的电影 hǎokàn de diànyǐng 재밌는 영화
重要问题 zhòngyào wèntí 중요한 문제

관용구로 자주 쓰이는 경우는 '的'가 생략되기도 한다.

新地址 xīn dìzhǐ 새로운 주소　　**旧家具** jiù jiājù 옛 가구
光荣历史 guāngróng lìshǐ 영광스러운 역사
先进集体 xiānjìn jítǐ 진보적인 집단

4) 성질형용사의 술어 기능

성질 형용사가 술어로 쓰일 때는 일반적으로 정도부사 '很'과 함께 쓰이는데, 이때 '很'은 정도 심화의 의미가 거의 없다. '아주, 매우'라는 정도가 심함을 강조할 때는,

'很'을 강하게 발음한다.

这本书很厚。Zhè běn shū hěn hòu. 이 책은 두꺼워요.
冬天这里很冷。Zhè běn shū hòu, nà běn shū báo. 겨울에 이곳은 아주 춥다.

형용사가 단독으로 술어로 쓰이면, 비교나 대조의 의미가 강해진다.

这本书厚，那本书薄。Zhè běn shū hòu, nà běn shū báo. 이 책은 두껍지만, 저 책은 얇아요.
(昨天暖和) 今天冷。(Zuótiān nuǎnhuo) Jīntiān lěng. (어제는 따뜻했는데,) 오늘은 추워요.

2.2.2 상태형용사의 특징

1) 상태형용사의 형태

① 비유 · 의미를 나타내는 'AB'형 이음절형용사와 중첩형식인 'ABAB'형 형용사

雪白 xuěbái 눈처럼 하얗다 → 새하얀 [像雪那样白]
冰凉 bīngliáng 얼음처럼 차갑다 → 매우 차가운 [像冰那样凉]
雪白雪白 xuěbáixuěbái 새하얗다 冰凉冰凉 bīngliángbīngliáng 매우 차가운

② 형용사 'A'에 접미사 'BB'가 붙어있는 'ABB'형 형용사

干巴巴 gānbābā 바짝 마르다　　红通通 hóngtōngtōng 새빨간

③ 혐오 · 경시 등의 부정적 느낌을 나타내는 'A里AB형' 형용사

糊里糊涂 húlǐhútú 어리석은　　古里古怪 gǔligǔguà 좀 이상한

④ 단음절 형용사 형용사의 중첩형인 'AA'형 형용사와 이음절 형용사의 중첩형인 'AABB'형 형용사

轻轻 qīngqīng 가볍다　　暖暖 nuǎnnuǎn 따뜻하다
马马虎虎 mǎmǎhūhū 대충대충하다　　漂漂亮亮 piàopiàoliàngliàng 아주 예쁘다

⑤ 상태형용사화 : '정도부사 + 성질형용사 + 的'의 형식

挺难的 tǐng nán de 꽤 어렵다　　最高兴的 zuì gāoxìng de 제일 기쁘다

2) 상태형용사의 문법특징

① 정도부사의 수식을 받지 않음

상태형용사는 자체적으로 정도의미를 포함하고 있으므로, 정도부사의 수식을 받지 않는다.

很雪白 (X)　　　非常高高兴兴 (X)
更好好儿地上课 (X)

② 부정부사 '不'의 수식을 받지 않음

不雪白 (X)　　　不高高兴兴 (X)

③ '的'와 결합하여 술어로 쓰임

상태형용사가 술어로 쓰이면 생생하고 구체적인 묘사의미를 나타내는데, 통상 '的'와 결합한다.

台布**雪白雪白**的。Táibù xuěbáixuěbái de. 테이블보가 새하얘요.
馒头**热乎乎**的。Mántou rèhūhū de. 찐빵이 뜨끈뜨끈해요.

AB형 이음절 성질형용사의 중첩형은 '的'없이 술어나 보어로 가능하다.

我心里清清楚楚。Wǒ xīnlǐ qīngqīngchǔchǔ.
他衣服洗得干干净净。Tā yī fú xǐ dé gāngānjìngjìng.

④ 的'와 결합하여 관형어로 쓰임

상태형용사는 '的'와 결합하여 자유롭게 명사를 수식하며, 생생하게 모습을 묘사하는 기능을 한다.

雪白**的**衬衫 xuěbái de chènshān 새하얀 셔츠
冷冰冰**的**态度 lěng bīng bīng de tài dù 냉담한 태도
通红通红**的**太阳 tōnghóngtōnghóng de tàiyáng 새빨간 태양
糊里糊涂**的**人 húlihútú de rén 흐리멍텅한 사람
大大**的**眼睛 dàdà de yǎnjing 커다란 눈

漂漂亮亮**的**韩服 piàopiàoliàngliàng de hánfú 곱디고운 한복
非常干净**的**病房 fēicháng gānjìng de bìngfáng 매우 깨끗한 병실

2.2.3 성질형용사와 상태형용사의 비교

	성질형용사	상태형용사
형태	단순	복잡
역할	사람 · 사물의 모습, 성질, 속성을 표현	동작 · 행위의 상태, 상황을 생생하게 묘사
의미	관념적, 추상적	화자의 느낌
관형어	단음절은 제한된 조합 그 외는 대부분 '的'가 있어야 함	'的'를 넣어 자유롭게 수식
정도부사	가능	불가
'不'부정	가능	불가
술어	정도부사 '很'이 필요	어기조사 '的'가 필요

2.3 형용사의 중첩

2.3.1 형용사의 중첩 형식

A (단음절)	AA	大大, 轻轻, 长长, 慢慢 大大(的), 轻轻(的), 长长(的), 慢慢(的)
	AXX	暖洋洋, 亮晶晶, 香喷喷, 绿油油, 红通通, 油光光
AB (복음절)	AABB	清清楚楚, 老老实实, 明明白白, 干干净净 漂漂亮亮, 马马虎虎, 痛痛快快, 高高兴兴
	ABAB	雪白雪白, 碧绿碧绿, 笔直笔直, 滚圆滚圆 漆黑漆黑, 冰冷冰冷, 飛快飛快, 通紅通紅
		安静安静, 高兴高兴, 可怜可怜, 凉快凉快 明白明白, 轻松轻松, 热闹热闹, 痛快痛快
	A里AB	胡里胡涂, 啰里啰唆, 土里土气, 傻里傻气

1) 'A里AB'식 중첩 형용사

'A里AB'는 혐오와 경시를 나타내는 일부 형용사의 중첩형식이다.

糊涂 hútu	어리석다	啰唆 luōsuo	수다스럽다
土气 tǔqì	촌스럽다	傻气 shǎqì	멍청하다
小气 xiǎoqi	인색하다	慌张 huāngzhāng	당황하다

2) 'ABAB'식 중첩 형용사

상태형용사는 정도부사를 취하지 않지만 ABAB 형태로 중첩이 가능하다.[24)]

我的米是白的，雪白雪白的。내 쌀은 하얀 거에요. 눈처럼 하얀거에요.
Wǒ de mǐ shì bái de, xuěbáixuě bái de.
那胳膊冰凉冰凉叫我吓了一跳。그 팔은 얼음같이 차가워 나를 놀라서 한 번 펄쩍 뛰게 했다.
Nà gēbo bīngliángbīngliáng jiào wǒ xià le yī tiào。
高速公路修得笔直笔直的。고속도로를 (붓처럼) 아주 곧게 건설했다.
Gāosùgōnglù xiū dé bǐzhíbǐzhí de。

일반 성질형용사가 'ABAB식'으로 중첩되면 동사적 성질을 가진다.

我想**舒舒服服**地过日子。나는 아주 편안하게 살고 싶어요.
Wǒ xiǎng shūshufúfú de guò rìzi.
来看看我拍的照片，**舒服舒服**吧。와서 제가 찍은 사진을 보고, 편안해지세요.
Lái kànkan wǒ pāi de zhàopiàn, shūfú shūfú ba.
我**高高兴兴**地回家。나는 아주 즐겁게 집으로 돌아왔어요.
Wǒ gāogāoxìngxìng de huíjiā.
我只是想让大家**高兴高兴**。나는 단지 모두를 기쁘게 해주고 싶어요.
Wǒ zhǐshì xiǎng ràng dàjiā gāoxìng gāoxìng.

24) 众多, 广大 등은 정도부사의 수식이나 중첩형 모두 불가한 절대 정량 형용사이다. 张国宪(2006),《现代汉语形容词功能与认知研究》, 商务印书馆, 164쪽을 참조

2.3.2 형용사의 중첩 특징

1) 정도의 심화

형용사는 중첩 후 정도가 심해지고 묘사가 강화되므로, 정도부사의 수식을 받지 않는다.

(X) 很大大 (X) 非常高高兴兴

2) 조사 '的'와 '地'

형용사 중첩형이 관형어나 술어, 보어로 쓰일 때는 일반적으로 뒤에 '的'를 더하고, 부사어로 쓰일 때는 '地'를 붙인다.

她有长长的金发。 그녀는 긴 금발머리를 가지고 있어요.
Tā yǒu chángcháng de jīnfà.

她眼睛红通通的。 그녀의 눈은 시뻘개요.
Tā yǎnjing hóngtōngtōng de.

苹果熟得红红的。 사과가 새빨갛게 익었어요.
Píngguǒ shóu dé hónghóng de.

我把脸洗得干干净净。 나는 얼굴을 깨끗하게 씻었어요.
Wǒ bǎ liǎn xǐ de gāngānjìngjìng.

我想安安静静地休息一下。 나는 조용하게 좀 쉬고 싶어요.
Wǒ xiǎng ān'ānjìngjìng de xiūxī yíxià.

问&答

问 : 중국어의 중첩형식은 무엇이 있어요?

答 : 현대 중국어는 다음과 같은 여러 가지 중첩형식이 있습니다. 이를 기억해두면, 실제 언어 사용에 많은 도움이 되겠죠?

① AA式 : 一一 일일이　　个个 각각, 하나하나
人人 사람마다　　小小 작은
常常 늘, 항상　　看看 좀 살펴보다, 시험해보다

② ABB式 : 红通通 새빨갛다　　亮晶晶 반짝반짝하다

③ AABB式 : 高高兴兴 아주 기쁘다　　老老实实 성실하다

④ ABAB式 : 漆黑漆黑 칠흑같이 어둡다 参观参观 한번 관람하다
⑤ A里AB式 : 傻里傻气 어리버리하다 罗里罗嗦 조잘조잘대다
⑥ AAB式 : 喷喷香 향기가 진동하다 棒棒硬 아주 단단하다
⑦ ABCC式 : 可怜巴巴 몹시 애처롭다 眼泪汪汪 눈물이 그렁그렁하다

2.4 구별사

구별사란 관형어로만 쓰이고 술어나 부사어, 보어가 될 수 없는 형용사를 가리킨다.

双 shuāng 짝수의 单 dān 하나의
金 jīn 금색의, 금빛의 银 yín 은색의, 은빛의
彩色 cǎisè 채색의, 컬러의 黑白 hēibái 흑백의

2.4.1 구별사의 특징

1) 구별사는 명사를 수식하는 관형어로만 쓰인다.

金牌 jīnpái 금메달 副总统 fùzǒngtǒng 부통령
彩色电视 cǎisè diànshì 컬러텔레비전 西式服装 xīshì fúzhuāng 양복

구별사는 '的'와 결합하여, 문장에서 주어나 목적어로 쓰인다.

高档的放这边，**低档的**放那边。→ **高档商品**
Gāodàng de fàng zhèbiān, dīdàng de fàng nàbiān.
고급은 여기에 두고, 싸구려는 저기에 두세요.
她是**女的**。그녀는 여자예요. → **女人**
Tā shì nǚ de.
这家商店是**国营的**。이 가게는 국가에서 운영하는 곳이에요. → **国营商店**
Zhè jiā shāngdiàn shì guóyíng de.

2) 구별사는 정도부사 '很'의 수식을 받지 않는다.

很初级 (X) 很主要 (X)

3) 구별사는 '非'를 사용해서 부정한다.[25)]

非新式 fēi xīnshì 비신식, 비신형 不新式 (X)
非个别 fēi gèbié 단독이 아닌 不个别 (X)
非大型 fēi dàxín 대형이 아닌 不大型 (X)

2.4.2 주요 구별사의 쓰임

구별사	예시
男 nán	男朋友 nán péngyou 남자친구
女 nǚ	女同学 nǚ tóngxué 여학생
正 zhèng	正教授 zhèng jiàoshòu 교수, 정교수
副 fù	副教授 fù jiàoshòu 부교수
双 shuāng	双胞胎 shuāngbāotāi 쌍둥이
单 dān	单身(汉) dānshēn(hàn) 독신남
公共 gōnggòng	公共汽车 gōnggòng qìchē 버스
黑白 hēibái	黑白电视 hēibái diànshì 흑백 텔레비전
公 gōng	公鸡 gōngjī 수탉
母 mǔ	母猪 mǔzhū 암돼지
雌 cí	雌兔 cí tù 암토끼
雄 xióng	雄鸡 xióngjī 수탉
彩色 cǎisè	彩色打印机 cǎisè dǎyìnjī 컬러프린터
初级 chūjí	初级教材 chūjí jiàocái 초급 교재
高级 gāojí	高级汉语 gāojí Hànyǔ 고급 중국어

25) '非'는 '不是'의 의미로 구별형용사가 술어성 없이 사물을 범주화시켜 구분하는 명사적 특성의 단어들임을 보여준다.

思考与练习

1. 다음 괄호 안에 설명이 맞으면 'O'를, 틀리면 'X'를 넣으세요.

① 상태의 어떤 변화가 아직 나타나지 않았음을 형용사가 표시할 때는 '没(有)'를 써야 한다. (　　)

② 상태형용사는 부정사나 정도부사를 취할 수 없다. (　　)

③ 형용사의 중첩형 'A里AB'는 헐뜯거나 비방하는 부정적인 의미가 강하다. (　　)

④ 형용사는 단독으로 술어로 쓰일 수 없고, 반드시 '是'를 더해줘야 한다. (　　)

⑤ 구별사는 다른 형용사와 달리 술어가 될 수 없다. (　　)

2. 다음 형용사의 중첩형을 써 보세요.

① 大 ➜ ____________

② 雪白 ➜ ____________

③ 好 ➜ ____________

④ 黑 ➜ ____________

⑤ 漂亮 ➜ ____________

⑥ 冰凉 ➜ ____________

⑦ 高兴 ➜ ____________

⑧ 红 ➜ ____________

⑨ 干净 ➜ ____________

⑩ 糊涂 ➜ ____________

3. 다음 괄호 안에 들어갈 알맞은 구별사를 연결해 보세요.

① (　　　　　)汽车	•	•	彩色
② (　　　　　)电视	•	•	金
③ (　　　　　)汉语	•	•	公
④ (　　　　　)牌	•	•	公共
⑤ (　　　　　)鸡	•	•	初级

4. 다음 단어들을 이용하여 적절한 표현이 되도록 만들어 보세요.

① 衣服, 这, 贵, 不, 件

➜ ______________________________

② 我, 明明白白, 说, 得

➜ ______________________________

③ 脸, 他, 的, 红红的

➜ ______________________________

④ 朋友, 女, 她, 我, 是, 的

➜ ______________________________

⑤ 书, 这, 本, 难, 非常

➜ ______________________________

5. '今天冷'과 '今天很冷'의 차이점과 문장 해석을 써 보세요.

➜

6. '高高兴兴地回家'과 '让他高兴高兴'의 차이점과 문장해석을 써 보세요.

➜

7. 다음 문장에서 틀린 부분을 지적하고, 틀린 이유를 설명해 보세요.

① 现在外边很雪白。

➜

② 他长得傻乎乎。

➜

③ 他慢地走了。

➜

④ 孩子们非常高高兴兴的。

➔

⑤ 他是男。

➔

参考资料

김종호.강희명 2011『중국어 쉬운 문법』, 다락원.

刘月华、潘文娱、故韡 2001『实用现代汉语语法(增订本)』, 商务印书馆.

박귀진.민병석역 2010『왜라는 질문에 속 시원히 답해주는 중국어문법책』, 시사중국어사.

石毓智 2011『汉语语法』, 商务印书馆.

石锓 2010『汉语形容词重叠形式的历史发展』, 商务印书馆.

张国宪 2006『现代汉语形容词功能与认知研究』, 商务印书馆.

郑怀德 2003『汉语形容词用法词典』, 商务印书馆.

中科院语言研究所词典编辑室 2005『现代汉语词典』, 商务印书馆.

김찬화 2005《韓 · 中 감각형용사 의미 연구》, 인천대학교 박사학위논문.

민영란 2010〈'높다/낮다'와 '高/低'의 다의 구조 비교대조 연구: 한국어와 중국어의 대응관계를 중심으로〉 한중인문학연구 제31집.

박정구 2010〈유형론적 관점에서 본 중국어 형용사의 품사적 지위〉, 중국문학 제65집.

오문의 1990〈현대중국어 '非謂形容詞'의 특성 고찰〉, 중국문학 제18집.

오문의 1993〈現代中國語 形容詞와 論項〉, 중국언어연구 제2집.

오문의 1994《현대중국어형용사연구》, 서울대학교 박사학위논문.

오문의 1995〈현대중국어 ABB식 중첩형용사 소고〉, 중국문학 제23집.

오문의 1999〈현대중국어 쌍음절형용사의 AABB식 중첩 조건〉, 중국문학 제32집.

오문의 2006〈현대중국어 단음절형용사의 AA식 중첩 조건〉, 中語中文學 제39집.

오문의 2007〈현대중국어 중첩형용사와 한국어 대응어의 형식과 의미 연구〉, 중국문학 제52집.

이선희 2012〈중국어의 AABB중첩형용사의 통사적 연구〉, 중국어문학논집 제73집.

이지혜 2012〈基于雙向平行語料庫的形容詞重疊式漢韓對比分析 -以"好好"、"干干淨淨"爲例〉, 중국어문학지 제40집.

최청화 2014《한국어 관형사와 중국어 區別詞 대조 연구》, 서울시립대학교 석사학위논문.

南香林 2013《汉韩形容词生动形式对比研究》, 延边大学 硕士.

刘丹青 2005〈形容词和形容词短语的研究框架〉, 民族语文 第5期.

李宇明 1996〈非谓形容词的词类地位〉, 中国语文 第1期.

徐荣妗 2008《汉韩形容词重叠对比研究》, 山东大学 硕士.

石锓 2005〈汉语形容词重叠研究概述〉, 武汉理工大学学报(社会科学版) 第2期.

张国宪 2006〈性质形容词重论〉, 世界汉语教学 第1期.

张伯江 2011〈现代汉语形容词做谓语问题〉, 世界汉语教学 第1期.

朱景松 2003〈形容词重叠式的语法意义〉, 语文研究 第3期.

陈榕 2013《类型学视角下的现代汉语形容词词类问题研究》, 中国社会科学院研究生院 硕士.

崔永华 1990〈汉语形容词分类的现状和问题〉, 语言教学与研究,第3期.

沈家煊 1997〈形容词句法功能的标记模式〉, 中国语文, 第4期.

韩玉国 2001〈现代汉语形容词的句法功能及再分类〉, 语言教学与研究, 第2期.

3 동사와 조동사

主要论点

동사의 기능과 쓰임을 파악해 보자
조동사의 기능과 쓰임을 파악해 보자.

3.1 동사(动词)

동사란 사람이나 사물의 동작, 존재, 변화를 나타내는 단어를 말한다. '주어 + 술어 + 목적어' 기본 문형의 뼈대가 되는 술어로 주로 사용된다.

3.1.1 동사의 분류

동사에 속하는 단어들을 목적어 출현 여부, 의미 유형, 동사구 구성의 특성 등에 따라 분류해 볼 수 있다.

3.1.1.1 의미 유형에 따른 분류

동사가 가지는 의미 유형에는 동작, 상태, 관계, 출현, 존재, 방향 등이 있다. 여기에 동사를 조동사의 하위 범주에 포함하면 아래의 6가지로 분류할 수 있다.

1) 동작동사

일정 시간 시간을 가지고 행해지는 동작이나 행위를 표현하는 동사이다.

听 看 吃 说 写 画 走 跑 买
表扬 收集 告诉 通知 收拾 打扫

2) 상태동사

움직임이 드러나지 않는 심리적인 상태나 생리적인 상태를 표현하는 동사이다.

心理 : 爱 恨 喜欢 讨厌 想 希望 [及物]
生理 : 聋 瞎 病 饿 醉 病 困[不及物]

3) 관계동사

동작이나 행위를 가리키지 않고 동사 앞 어구와 동사 뒤 어구 간의 관계를 주로 표현하는 동사이다.

是 叫 姓 成为 像 等于 属于

4) 존현동사

존재와 출현을 나타내는 동사이다.

有 在 是 出现 消灭 消失

5) 방향동사

동작의 방향을 표시하는 동사이다.

来 去 上 下 进 出
起 开 过 回

6) 조동사(=능원동사)

동사의 앞에 부사어로 와서 동사 술어의 동작이나 행위에 대한 의무, 요구, 희망, 바램 등을 나타내는 동사이다.

要 想 愿意 应该 该 得 能 可以 可能 肯 敢

3.1.1.2 목적어 유무에 따른 분류

1) 자동사(不及物动词)

객체[26]인 목적어가 오지 않는 동사로 동작이 미치는 대상이 주체에 한정되는 동사로 영향을 미치는 대상인 객체가 존재하지 않는 동사이다. 대표적인 동사의 예로는 주체의 동작의 순간 변화나 상태를 표현하거나 내부구조에 영향 대상이 이미 존재하지만 전체 동사의 의미가 영향을 미치는 대상이 부재한 동사들이다.[27]

活 病 醒 躺 休息 영향 대상 무
着想 相反 问世 指正 毕业 내부구조로 인한 배척

2) 타동사(及物动词)

일반적으로 목적어를 취하는 동사들로 동작의 주체 외에 동작으로 인해 영향을 받는 대상, 즉 객체가 존재하는 동사들이다. 수의적이며 구체적 행위나 추상적 행위를 모두 표현한다. 일반 동작동사들은 경우에 따라 객체를 의무적으로 요구하지 않아 자동사로도 쓰일 수 있다.

看 写 穿 吃 打 听 玩 说 구체적
研究 麻烦 了解 学习 喜欢 추상적

한편 동작성이 없어 동작의 영향을 받는 대상이 존재하지 않는 관계나 내용을 객체로 요구하는 동사들은 목적어의 사용이 의무적이다.

姓 叫 属于 成为 等于 以为 의무적

26) 객체는 동작의 직간접적 영향을 받는 대상을 포함, 동작과 관련된 참여자를 포괄적으로 의미하는 개념으로 사용하기로 한다. 따라서 객체에는 대상, 결과, 원인, 목적 등 다양한 의미 유형을 포함한다. 문장에서는 동작의 주체에 대응하는 명사구로 나타난다.

27) 问世는 발표되다란 의미로 세상에 묻다, 着想은 고려하다란 의미로 생각을 덧붙이다, 相反은 반대되다는 의미로 양자 간에 서로 반대된다, 指正은 바름을 지적하다, 毕业은 졸업하다의 의미로 학업을 마치다와 같이 객체가 포함된 동목구 해석이 가능하므로 외부에 별도의 목적어를 취하지 않는 동사들이다.

我已经看完了韩剧《来自星星的你》。 나는 이미 한국드라마 〈별에서 온 그대〉를 다 보았다.

2) 동사의 목적어 유형

앞서 동사의 분류에서도 언급하였는데 동사가 취하는 목적어의 유형에 따라 동사를 체언형과 용언형으로 나누어 볼 수 있다.

① 체언형

吃饭 밥을 먹다.
写字 글씨를 쓰다.

② 체언/용언 겸용

看[新闻] 뉴스를 보다.
看[他来] 그가 오는 것을 보다.
喜欢[他] 그를 좋아하다.
喜欢[唱歌] 노래하는 것을 좋아하다.

③ 용언 전용

我以为她是好人。 나는 그녀가 좋은 사람이라고 생각했다(그런데 아니다).
他认为我最合适。 그는 내가 가장 적합하다고 여긴다.

3) 동사술어가 취하는 목적어의 다양성

중국어의 목적어는 동작의 영향을 받는 직접 대상이기도 하지만 동작의 결과나 이동한 장소(원점이나 종점)나 도구, 원인, 주체, 목적, 관계 등 다양한 동작과의 의미 관계를 나타낼 수가 있다.

결과	写小说 做菜
원점	坐地铁 住饭店
종점	去北京 回首尔
도구	捆绳子 吃大碗
원인	养病 躲雨

주체	来了一个人 少了一本书
목적	考研究生 催书稿
관계	上海是中国最大的城市。 我们属于现在而不是过去!

4) 동목이합어

중국어의 동사 중에는 하나의 개념을 나타낸다는 점에서는 단어의 특성을 가지지만 분리되어 사용된다는 점에서는 구의 특성을 가지는 이합어가 있다. 특히 동목 구조를 가진 이합어의 경우 내부목적어의 존재는 외부목적어의 사용을 불허한다.

① 전치사구의 운용을 통해 목적어를 대체

기점을 나타낸다면 개사 从을 동반자의 의미를 나타낸다면 跟을 수여대상의 의미를 나타낸다면 给를 사용하는 등 동사별로 결합하는 전치사는 그 나타내고자 하는 목적 대상의 의미 유형에 의해 결정된다.

从大学毕业 – 대학을 졸업하다
跟她结婚 그녀와 결혼하다 [结V + 婚O]
跟他生气 그에게 화내다 [生V + 气O]
给他看病 그를 진찰하다 [看V + 病O]
给他帮忙 그를 도와주다 [帮V + 忙O]

② 관형어의 사용으로 목적어를 대체

동목이합어는 대부분 직접 내부 목적어의 관형어 형태로 동작의 참여자를 드러낼 수 있다. 모든 동목이합어가 관형어 형식이 가능하지는 않다.

帮他的忙 그를 돕다
生他的气 그에게 화내다
看她的病 그녀의 병을 보다
*毕大学的业 *结她的婚

③ 상용 동목이합어

단어 예시

分手	订婚	见面	聊天	丢脸
헤어지다	약혼하다	만나다	이야기하다	망신을 당하다
发火	睡觉	游泳	抽空	
화를내다	잠자다	수영하다	틈을 내다	

구문 예시

给我开玩笑。	劳您的驾	给我帮忙	打他的主意
gěi wǒ kāi wán xiào 。	láo nín de jià	gěi wǒ bāng máng	dǎ tā de zhǔ yì
내게 농담하다	폐를 끼치다	도와주다	그의 의견을 빌리다

我碍你的事儿了吗？你今天补什么课？
Wǒ ài nǐ de shìr le ma ？nǐ jīn tiān bǔ shí me kè ？
당신의 일을 방해했나요? 오늘 무슨 과목을 보강하죠?

我要挂李教授的号。他这么做，是想买大家的好。
Wǒ yào guà lǐ jiāo shòu de hào 。tā zhème zuò，shì xiǎng mǎi dàjiā de hǎo 。
이교수님을 접수시키려고 합니다. 그가 이렇게 하는 건 모두에게 잘 보이려 하는 겁니다.

别说了，我不会上这个当的。
bié shuō le，wǒ bú huì shàng zhè gè dāng de 。
그만 말해요. 나는 그거 안 속아요.

今天都上了什么课？ 快去洗一洗你的脏手。
Jīntiān dōu shàng le shí me kè？ kuài qù xǐ yī xǐ nǐ de zāng shǒu 。
오늘 무슨 수업들을 했어요? 빨리 가서 네 더러운 손을 좀 씻어라

那是现你自己的丑，知道吗？
Nà shì xiàn nǐ zì jǐ de chǒu，zhī dào ma？
그건 네 자신이 스스로 추태를 보인 거라고요. 알겠어요?

她的一句话救了他的命。
Tā de yī jù huà jiù le tā de mìng 。
그녀의 한마디가 그의 목숨을 구했다.

5) 이중목적어 구문

① 이중목적어 구문의 어순

일부 동사들은 목적어를 둘 취할 수 있다. 이를 이중목적어구문이라고 한다. 일반적으로 동사와 근접한 순서로 간접목적어인 동작의 수혜자는 앞에 동작의 직접적인 수여 대상인 직접 목적어는 그 뒤에 위치한다.

주어	+ 동사	+ 간접목적어	+ 직접 목적어
他	+ 送	+ 朋友	+ 一件礼物
그는	+ 준다	+ 친구에게	+ 선물을
哥哥	+ 给	+ 我	+ 一个足球
형은	준다	나에게	+ 축구공을
我们	+ 称	+ 他	+ 老王师傅
우리는	+ 부른다	+ 그를	+ 왕사부라

② 이중목적어 구문 속 동사의 주요 의미

이중목적어구문에서 동사의 의미는 '주다', '얻다', '말하다'류의 세 가지로 나누어 볼 수 있다. 또한 그 수가 제한적이다.

주다류 (수여)	递 건네다	还 돌려주다	交 넘겨주다
얻다류 (취득)	借 빌리다	收 받다	问 묻다
말하다류 (언변)	叫 ~라 부르다	告诉 알리다	通知 통지하다

③ 이중목적어구문과 "给"의 사용 현황

필수	수의	불가
递 写 分 租 拿 带 留 寄 交 踢 卖 搬 扔 推 输	送 赠 还 教 赔 赏 赐 付 加 许 传 借	给 偷 告诉 请教 答应 赢 回答 抢 问 夺
주어 기점 간접 목적어 목표	주어기점 간접목적어목표	给/의사전달/탈취 주어는목표 간접목적어기점
他带了一包糖给他。 我输了一块钱给她。 我搬了一张桌子给他。	我送了一瓶酒给他。 他还了一碗肉给你。 我借了一块钱给他。 我付了两百块钱给他。	(X) 我问了几个问题给他。

他带给张三一包糖。 我输给她一块钱。 我搬给他一张桌子。	我送给他一瓶酒。 他还给你一碗肉。 我借给他一块钱。 我付给他两百块钱。	(X) 我问给他几个问题。
	我送了他一瓶酒。 他还了你一碗肉。 我借了他一块钱。 我付了他两百块钱。	我问了他几个问题。

④ 일반 동사의 수혜자 표현 방식

일반 동사는 수혜자를 표현하는 '给'로 구성된 전치사구 부사어를 동사 술어 앞에 취한다.

한국어 : ~를(~에게) + ~를 하다
중국어 : 给你(너에게) 등 삽입 [=전치사구 부사어]

同事给他介绍对象。 tóng shì gěi tā jiè shào duì xiàng.
동료가 그에게 대상을 소개시켜 준다.

请给我打电话! qǐng gěi wǒ dǎ diàn huà.
내게 전화해줘!

我常给老师发邮件。 wǒ cháng gěi lǎo shī xiě xìn, yòng QQfā duǎn xìn.
나는 늘 선생님께 이메일을 보낸다.

6) 동사술어문의부정

일반적으로 동사술어문의 부정은 '不'와 '没(有)'를 사용한다.

① 不를 사용한 부정

(1) 항상 일어나는 사실이나 습관 = 不 사용

那个地方一年四季不下雨。 Nà gè dìfang yī nián sì jì bú xià yǔ.
그 곳은 일년 내내 비가 오지 않는다.

他不抽烟不喝酒。 Tā bù chōuyān bù hējiǔ.
그는 담배도 술도 하지 않는다.

(2) 관습

他从来不推辞。Tā cónglái bù tuīcí.

그는 여태까지 거절한 적이 없다.

(3) 의지에 = 과거 무관 不 부정

我今天不看书。Wǒ jīn tiān bú kàn shū.

나는 오늘 책을 읽지 않겠다.

明天我们不去春游。Míngtiān wǒmen bú qù chūnyóu.

내일 우리는 봄소풍을 가지 않는다.

(4) 비(非)동작동사 不부정

那时，我不认识他。Nà shí, wǒ bú rènshi tā.

그때, 나는 그를 몰랐었다.

他不是我们公司的司机。Tā bú shì wǒmen gōngsī de sījī.

그는 우리 회사의 운전기사가 아니다.

② '没'를 사용한 부정

완료된 상황을 부정할 때는 '没'를 사용한다. 부정된 완료는 미완료 상황을 나타내므로 반복이나 시간적 지속의 부사 '还'나 지속의 표지 '呢'와 호응한다.

这事儿还没有跟他说呢！Zhè shìr hái méi yǒu gēn tā shuō ne!

이 일은 아직 그에게 말하지 않았어.

我们没找到他的下落。Wǒmen méi zhǎodào tā de xiàluo.

그가 어디로 갔는지 찾지 못했다.

③ '不'와 '没'의 기능 비교

시제와 관련하여 직접적으로 '不'와 '没'가 관계하는 것은 아니지만 현재 또는 미래의 미완료된 상황에 화자의 의지가 개입된 동작은 주로 '不'가 사용되며 이미 완료된 과거 상황에 '没'가 사용된다. 둘의 차이는 아래와 같다.

不	没
주관적인 바램 주로 현재와 미래의 행위 과거에 사용 가능	객관적인 서술 동작이나 상태의 발생 실현 부정 미실현된 과거나 현재 또는 가정된 미래 가능

주관과 객관, 과거와 미래의 대비를 '不'와 '没'가 들어간 구문으로 살펴보자. 우선 가장 전형적인 '没'로 표현되는 객관적 과거와 '不'로 표현되는 주관적 미래를 대비해 보자.

上次他都没参加，听说下次还不想参加。Shàng cì tā dōu méi cānjiā.
지난 번에 참가도 하지 않았는데 듣자하니 다음 번에도 역시 참가할 생각이 없다고 한다.
*上次这次他都没参加，听说下次还没想参加。tīngshuō xià cì hái bù xiǎng cānjiā.

'不'가 주관적 현재를 표현하면 의지가 개입되어 아침을 안 먹으려고 하는 것을 의미한다.

我不吃早饭了。[주관적 현재]
나는 아침을 (더는) 안 먹겠다(먹기로 했다).

'没'가 과거에 이미 완료되지 않은 즉 미완료된 현재 상황에 놓인 것을 표현할 수도 있다.

我没吃早饭呢！[客观现在] 아침 안 먹은 상태
cf. 明年这个时候可能还没毕业。[미래 완료]

7) 동사 술어문의 의문문 구성

의문문은 크게 네 가지로 나뉘며 동사술어문은 각각의 의문문을 구성할 수 있다.

의문문의 4형식

구분	형식
吗의문문	의문어기조사 吗를 문장 끝에 첨가
정반의문문	동사의 긍정형에 부정형을 첨가
선택의문문	还是를 사용하여 어구를 연결
의문대체사의문문	의문대체사를 사용

① '吗'의문문

문장 끝에 '吗'를 붙이는 형식이다.

你买这本书吗？너 이 책 살 거니?

你不去北海公园吗？ 너 북해공원에 안 갈래?

② 정반의문문

동사의 긍정형과 부정형을 나란히 쓴다.

你 + 喝不喝?

목적어 존재 시에는 두 가지 형식이 가능하다.

(1) 목적어가 동사 긍정형과 부정형 뒤 你[看不看][京剧]?
(2) 목적어가 동사 긍정형과 부정형 사이 你[看[京剧]不看] ?

③ 선택의문문

他今天去还是明天去? 그는 오늘 가니, 내일 가니?
你喝茶还是喝啤酒? 차 마실래? 맥주 마실래?

중복주어생략 & 동사 일반적 생략 안함

你去还是他去？ 주어생략불가!
他i今天去还是Φi明天去？ 주어 생략; 동사 생략 불가
你喝咖啡还是喝啤酒？ 동사 꼭 써주기!!!

동사是: 还是의 是와 중복 회피
他是老师还是[是]大夫？ 그는 선생님이야? 의사야?

④ 의문사 의문문

의문대체사 '谁(누구), 什么(무엇), 怎么(어떻게), 哪里(어디), 哪儿(어디), 什么时候(언제)' 등을 묻고 싶은 부분에 바꿔 넣기만 하면 된다.

주어 의문
谁吃面条? 누가 국수를 먹니? 他吃面条。

목적어 의문
他教谁中文？그는 누구에게 중국어를 가르치니? 他教小金中文。
你买什么? 너 무엇을 사니? 我买鸡蛋。

술어 의문
他们怎么样？그 사람들 어때? 他们很好。

부사어-방법 의문

这个字怎么写 이 글자는 어떻게 쓰니?　　这个字这么写。

부사어-시간 의문

他们什么时候回来？그사람들 언제 돌아오니?　　他们明天回来。

부사어-장소 의문

我们在哪儿见面？우리는 어디서 만나지?　　我们在校门口见吧！

8) 동사의 중첩

동사의 중첩은 단음절 동사는 '一'을 중첩되는 동사의 사이에 수의적으로 사용하며 이음절 동사는 중첩된 동사 사이에 '一'을 삽입하지 않는다.

① 동사 중첩의 음절별 대립

가. 공통점

동사를 한 번 더 사용한다.

1음절 동사 A ⇒ AA형

2음절 동사 AB ⇒ ABAB형

나. 상이점

1음절 중첩형 동사는 사이에 '一'나 '了'를 사용하고 2음절 중첩형 동사는 사이에 '了'만 사용한다.

단음절 동사	이음절 동사
想一想 唱一唱	休息休息
听了一听 想了一想	学习了学习

② 동사의 중첩 유형

가. 동사 중첩 형식1

일반 단음절, 이음절 동사의 중첩 형식으로 ①에서처럼 동사를 한 번 더 뒤에 붙여 사용하는 형식

说	⇒	说说	말 좀 하다
想	⇒	想想	생각 좀 하다
学习	⇒	学习学习	공부 좀 하다
研究	⇒	研究研究	검토 좀 하다

나. 동사 중첩 형식2

내부 목적어를 가진 동목이합어의 중첩방식으로 내부 목적어를 남긴 채로 단음절 동사만 반복하는 형식이다. 즉 '동사 + 목적어'로 분해하여 내부 동사만 중첩한다.

散步 → 散散 步	산책을 좀 하다
打球 → 打打 球	구기를 좀 하다
扫地 → 扫扫 地	청소를 좀 하다
上课 → 上上 课	수업 좀 하다
照相 → 照照 相	사진 좀 찍다
帮忙 → 帮帮 忙	좀 도와주다
见面 → 见见 面	좀 만나다
打架 → 打打 架	싸움을 좀 하다
洗澡 → 洗洗 澡	목욕을 좀 하다

다. "来, 去"를 활용한 형식3

중첩한 동사의 뒤에 来와 去를 각각 첨가하여 만든다. 통상 "이리 저리"의 의미가 첨가된다.

看来看去 이리저리 보다　　　　说来说去 이렇게 저렇게 말하다

라. 동사 중첩 유형 정리

지금까지 살펴본 동사의 중첩 형식을 예시와 함께 정리해 본다.

A (단음절)	AA	读读(좀 읽다), 走走(좀 걷다)
	A一A	想一想 唱一唱
	A了A	听了听 做了做
	A了一A	听了一听 想了一想

AB (이음절)	ABAB	练习练习(연습 좀 하다)
		休息休息(좀 쉬다)
	AB了AB	学习了学习;研究了研究
	AAB	聊聊天, 散散步, 帮帮忙, 注注意
		见见面(*见面见面),
		唱唱歌(*唱歌唱歌/*唱唱歌歌)
A (B)来A(B)去식		想来想去, 走来走去
		考虑来考虑去, 研究来研究去

② 동사 중첩 의미

동사의 자체 의미나 전후 문맥에 따라 동사 중첩의 의미는 크게 시간의 짧음이나 동작 회수의 적음 등을 나타내며 가볍고 완곡하게 표현하고자 하는 화자의 의도를 담고 있다.

가. 지속 동작의 계속된 시간이 「조금」

你等等我, 给你拿糖来。Nǐ děng děng wǒ , gěi nǐ ná táng lái.

너 나를 잠깐 기다려라!

他看了看我就走了。Tā kàn le kàn wǒ jiù zǒu le.

그는 나를 좀 쳐다보다가 떠났습니다.

나. 비 지속 동사의 동작 횟수가 「조금」

她轻轻敲了敲门, 走了进去。Tā qīng qīng qiāo le qiāo mén , zǒu le jìnqu.

그녀는 가볍게 문을 좀 두드리다가 들어갔다.

她朝我点了点头。Tā cháo wǒ diǎn le diǎn tóu.

그녀는 나를 향해 머리를 좀 끄덕였다.

다. 가벼운 느낌의 전달

星期天他看看电视, 洗洗衣服, 打扫打扫房间。

Xīngqītiān tā kànkàn diànshì , xǐ xǐ yīfu , dǎsǎo dǎsǎo fángjiān.

일요일에는 신문을 보기도 하고, 빨래를 하기도 한다.

我常常打打网球, 跑跑步。Wǒ chángchang dǎ dǎ wǎngqiú , pǎo pǎo bù.

늘 테니스를 치기도 하고, 러닝을 하기도 한다.

라. 명령문에서의 완곡한 어투

你去看看！ nǐ qù kàn kan! 가서 좀 봐!

出去走走！ chūqù zǒu zou! 나가서 좀 걸어라!

③ 중첩 불가능 동사

중첩이 불가능한 동사는 운동성이 없는 동사로 주로 심리, 지각, 방향 등과 관련된 의미를 가진다. 지속하는 시간이나 동작을 행할 의지가 있느냐가 동사 중첩 여부의 핵심으로 볼 수 있다. 구체적으로 보면 대체로 아래와 같다.

심리활동	爱 사랑하다 恨 미워하다 怕 두려워하다
생리활동	睡 자다 哭 울다 病 병나다
지각동사	看见 보이다 觉得 느끼다 明白 알다
관계동사	有 있다 在 있다 像 닮다 是 이다
순간동사	丢 잃다 撞 부딪치다 摔 넘어지다 死 죽다 杀 죽이다
조동사	能 可 敢 肯 할 수 있다, 감히~, 기꺼이~
방향동사	来 오다 去 가다

④ 중첩불가능을 가능으로 바꾸기

가. 수량 표현 첨가를 통한 시간과 의지 부여

잠깐의 '一会儿'과 한 번 또는 좀의 '一下' 와 같은 시량 혹은 동량표현을 사용하면 중첩형 불가능동사 중 일부 가능하다.

她哭了一会儿. 그녀는 잠깐 울었다.

请你来一下. 좀 와주세요.

즉 수량구로 시간과 의지 첨가를 하면 올바른 문장이 된다.

*刚才他睡了睡，很快就醒了。비의지 불가

⇒ 刚才他睡了一会儿，很快就醒了。단기

*孩子打了针以后，哭了哭就不哭了。비의지 불가

⇒ 孩子打了针以后，哭了一会儿就不哭了。단기

나. 명령문이나 사역형 구문에서 의지 부여

你不要管我，让我哭哭吧。사역 + 명령

姐夫，你醒醒吧！ 명령

你咳嗽咳嗽，没准儿能咳嗽出来。명령

你摔摔这个瓶子，看结实不结实。명령
我就是叫你知道知道我的厉害。사역

⑤ 동사의 시간성을 중심으로 동사중첩, 동사+一会儿, 그리고 동사+一下의 비교[28)]

동작동사 [+시간]					비동작동사[-시간]			
지속성					비지속	심리활동		기타 동사
	일반 지속성	장기	장기	단기		일반 심리	부분 심리	관계 동사
	적극	적극	소극			활동	활동	사역 능원
VV 시도	+	+	−	+	−	−	+	−
	唱唱歌	培养培养 剥削~ 坚持	*担任担任 耽误	扬扬下巴 停~	*毕业毕业 *死~ *发生~	*佩服佩服	想想 猜猜	*是是 *使使 *能能
V一下 기동	+	+	−	+	−	−	+	−
	唱一下	培养一下 战斗~ 教育~	*担任一下 哆嗦	扬扬一下下巴 咽~	*毕业一下 *塌~ *丢~	*佩服一下	想一下 猜一下	*是一下
V一会儿 단기	+	−	−	−	−	−	+	−
	唱一会儿	*培养一会儿 *住~ *教育~	*担任一会儿	扬一会儿下巴 敲 举	*毕业一会儿 *看见~ *断断	*佩服一会儿	想一会儿 猜一会儿	*是一会儿

⑥ 동사와형용사의 중첩 기능 비교

형용사 ↔ 동사 문법 특징 비교	형용사			동사	
	일반형용사		구별 형용사		
	성질 형용사	상태 형용사		타동사	자동사
목적어대동여부	−	−	−	+	−
"很" 수식 여부	+	−	−	(-) 심리동사는 가능	
중첩의기본형식	AA식 AABB식	AXX ABAB A里AB	−	AA식 ABAB식 A(B)来A(B)去	
중첩의미	정도심화& 적당함		−	단기, 시도, 경쾌, 완곡	
개괄적인 의미	성질이나 상태의 의미		구별기능	동작, 행위, 심리 관계등 의미	

28) *은 비문 표시이다. 李允玉(2001)의 논문을 참조

3.2 조동사(능원동사)

3.2.1 조동사의 분류

중국어에는 조동사 혹은 능원동사라고 불리는 동사가 있다. 이들의 뒤에는 용언성 어구가 오며 능력, 허가 소망, 의무, 가치, 추정 등을 나타낸다. 이들을 양상(情态, Modality)을 나타내는 동사라 하여 정태(情态) 동사라고도 한다.

<table>
<tr><td>1</td><td>능력</td><td>~ 할 수 있다</td><td>能, 会, 可以</td></tr>
<tr><td>2</td><td>허가</td><td>~ 해도 좋다</td><td>能, 可以</td></tr>
<tr><td rowspan="2">3</td><td>소망</td><td>~ 하고 싶다</td><td>想, 要</td></tr>
<tr><td>자원</td><td>감히 / 기꺼이 ~ 하다</td><td>肯의지, 敢용기</td></tr>
<tr><td>4</td><td>의무</td><td>~ 해야 한다</td><td>应该, 该 ; 要, 得</td></tr>
<tr><td>5</td><td>가치</td><td>~ 할 가치가 있다</td><td>值得, 可以</td></tr>
<tr><td>6</td><td>추정</td><td>~ 할 예정이다</td><td>会, 要, 该, 得, 能, 可能</td></tr>
</table>

3.2.2 조동사의 동사와의 기능 비교

조동사를 뒤따르는 용언성 어구를 술어로 보아 조동사의 기능을 부사어로 처리하는 방법과 조동사의 뒤따르는 용언성 어구를 목적어로 보는 두 가지 견해가 존재한다. 본고에서는 조동사의 이러한 이중적 존재성을 긍정하지만 어기부사와 마찬가지로 동사 술어가 표현하는 사건 명제에 대한 화자의 태도를 나타내는 단어들로 보아 주로 부사어 기능을 가진다고 본다.

1) 동사와의 차이점

① 동태조사 '了/着/过'를 동반하지 않는다.

*我会了说汉语。*我会过说韩语。*我会着说英语。

② 중첩이 불가능하다.

*我会会说汉语。*他可以可以写汉字。她应该应该回家休息。

③ 체언형 목적어를 취할 수 없다.

*我可以你。*他能酒。*我们值得汉语。

동사와 조동사로 쓰이는 단어는 체언형 목적어를 취하면 동사이다.

我要爸爸、妈妈。나는 아빠, 엄마가 필요해요.
我要你。나는 네가 필요해. ⇔ *나는 ~하려고 해.
我想你。나는 네가 그리워. ⇔ *나는 너를 ~하고 싶어.

2) 동사와의 공통점

① 의문문의 형식

의문문에서 조동사는 동사술어문과 동일한 형식으로 가능하다. 첫째 문장의 맨 끝에 어기조사 '吗'를 붙이거나 둘째 정반의문문의 부정은 조동사의 긍정형과 부정형을 나란히 쓴다. 셋째 선택의문문이나 넷째 의문사 의문문도 모두 동사술어문의 형식과 다르지 않다.

他会骑自行车吗? 자전거를 (배워서) 탈 줄 알아?
他会不会骑自行车? 자전거를 탈 줄 아니 모르니?
他会开车还是会骑车? 차를 몰 줄 안다는 거니 아니면 자전거를 탈 줄 안다는 거니?
谁会游仰泳? 누가 배영을 할 줄 아니?

② 부정문의 형식

부정은 조동사 앞에 '不'를 넣어서 부정한다. 일부 조동사 즉 '能, 敢, 肯' 등은 '没'로 부정할 수 있는 조동사로 그 수량은 아주 소수이다. 또한 부정한 내용에 대한 화자의 태도를 표현하고자 할 때는 뒤에 있는 동사 술어를 부정하면 된다.

我还不会写汉字。나는 아직은 글자를 쓸 줄을 몰라.
我不会喝酒。나는 술을 마실 줄 몰라.
我没能完成这件事情。나는 이 이 일을 완성할 수 없었어.
他可以不这样做。그는 이렇게 하지 않아도 돼.

③ 질문에 대해서 단독으로 대답이 가능하다.

他会上网吗? – 会。인터넷 할 줄 알아요? – 할 줄 알아요.
明天你能来吗？ - 能。내일 올 수 있어요? – 올 수 있어요.

3.2.3 주요 상용 조동사의 의미

1) 능력 표현의 조동사

① 조동사 '会'

주로 언어, 운동법, 기능 등을 (처음) 배워서 할 수 있는 것을 표현한다.

我还不会写汉字。wǒ hái bú huì xiě hàn zì. 나는 아직은 글자를 쓸 줄을 몰라.
我不会喝酒。wǒ bú huì hē jiǔ. 나는 술을 마실 줄 몰라.

② 조동사 '能 & 可以'

배움의 여부와 관계없이 갖추고 있는 능력이나 객관적인 상황이나 조건하에서 가능함을 의미한다.

我一天能写两万字。wǒ yī tiān néng xiě liǎng wàn zì. 나는 하루에 이만자를 쓸 수 있어요.
可以两个人干。kě yǐ liǎng gè rén gàn. 두 사람이 할 수 있어요.

2) 허가 '可以 & 能'

긍정으로는 '可以'와 '能'이 모두 가능하지만 '可以'의 부정형은 의미가 바뀌므로 주의한다. '能'은 의문문이나 부정문에 주로 많이 쓰이고 '可以'는 주로 긍정형에서 허가의 의미를 나타낸다.

这儿可以抽烟。zhè ér kě yǐ chōu yān. 여기서 담배 피워도 된다.
这儿能抽烟吗？ zhè ér néng chōu yān ma? 여기서 담배 피워도 되나요?
现在你们可以走了。xiàn zài nǐ men kě yǐ zǒu le. 이제 여러분 가셔도 좋습니다.
里边不能说话。lǐ biān bú néng shuō huà. 안에서는 말을 하면 안 됩니다.

2) 소망의 조동사 '要', '想'

화자가 소망하는 바, 바라는 바를 표현하는 조동사들로 '要', '想'이 대표적인 조동사이다. '要'는 바라는 바를 강한 의지를 가지고 행하고자 한다.

我要喝咖啡。wǒ yào hē kā fēi. 나는 커피를 마실래.
病人要出院。bìng rén yào chū yuàn. 환자가 퇴원하려고 한다.

'想'은 본인이 바라는 바의 실현 의지 표명이 다소 약하다.

我很想看韩剧。wǒ hěn xiǎng kàn hán jù. 나는 한국드라마를 매우 보고 싶어.
他很想去中国。tā hěn xiǎng qù zhōng guó. 그는 매우 중국에 가고 싶어 해.

3) 자원(自愿)의 조동사

하고자 하는 본인의 의지가 개입하여 강한 소망이나 바램을 나타내는 조동사들이다. '肯'과 '敢'이 여기에 해당한다. '肯'은 본인의 바라는 욕구가 자발적임을 강조하고 '敢'은 주변의 여러 불리한 상황에도 불구하고 바라는 요구라는 점을 강조한다.

他肯帮助别人。tā kěn bāng zhù bié rén. 그는 기꺼이 남을 돕는다.
他不肯来。tā bú kěn lái. 그는 오려고 하지를 (내켜하지를) 않는다.
当演员时，他敢跟导演吵。dāng yǎn yuán shí , tā gǎn gēn dǎo yǎn chǎo.
그가 배우였을 때 (용감하게도) 감독과 말싸움을 하였다.
我一个人不敢去旅行。wǒ yī gè rén bú gǎn qù lǚ háng.
나 혼자 여행가는 건 엄두가 나질 않아
由于他太严格，后来我就不敢去见他。
yóu yú tā tài yán gé , hòu lái wǒ jiù bú gǎn qù jiàn tā.
그가 너무 엄격해서 나중에는 그를 만나러 갈 엄두가 나질 않았다.

4) 의무 '应该', '该', '得', '要'

① '应该'

화자가 객관적 도리로서 판단하고 마땅히 그러해야 함을 의미한다. 화자가 표현하고자 하는 당위성이 강조된 단어이다.

你应该吃这种药。nǐ yīnggāi chī zhè zhǒng yào.
이 약을 먹어야 한다(병을 치유하려면 먹어야 마땅한 일이다).

你不应帮助他。nǐ bù yīng bāngzhù tā.
너는 그를 도와야 한다(그를 돕는 것이 마땅한 도리이다).

② '该'

'应该'와 기본 의미는 동일하나 다소 가벼운 어투의 뉘앙스를 가진 단어이다.

该来的都不来，不该来的都来了。Gāi lái de dōu bù lái, bù gāi lái de dōu lái le.
올 사람은 모두 안 왔는데 와선 안 될 사람은 다 왔다.

该今天做的事，不要等到明天。Gāi jīntiān zuò de shì, bú yào děng dào míngtiān.
오늘 해야만 할 일은 내일까지 기다리지 마라

你也该休息了，下次再聊。Nǐ yě gāi xiūxi le, xià cì zài liáo.
너도 쉬어야 되겠다. 다음에 다시 이야기하자.

③ '得'

상황이나 사실에 근거한 필요에 의한 당연함을 표현한다.

这件事该开会研究。Zhè jiàn shì gāi kāihuì yánjiū. 이 일은 회의를 열어서 고민해 봐야 한다.
以后可得小心点儿。Yǐhòu kě děi xiǎoxīn diǎnr. 앞으로 좀 조심해야만 합니다.

④ '要'

본인이 하려고 하는 의지와 맞물려 응당 해야함을 주장하는 표현이다. 주로 미실현된 상황에서 의지를 가지고 필요에 의해 행동하고자 함을 나타낸다.

我们要去中国留学。Wǒmen yào qù Zhōngguó liúxué. 나는 중국에 유학가야만 한다.
他一定要看病。Tā yīdìng yào kànbìng. 그는 반드시 진찰을 받아야만 한다.

5) 가치 '值得', '可以', '配'

① '值得'

~할만하다, ~할 가치가 있다라는 의미를 가지는 조동사로 동작의 가치에 대한 객관적 서술을 한다.

这本书值得一读。Zhè běn shū zhídé yī dú. 이 책은 한 번 읽어볼 만하다.

坚持到底的这种精神，值得我们学习。

Jiānchí dào dǐ de zhè zhǒng jīngshén, zhídé wǒmen xuéxí. 우리가 배울만 한다.

② '可以'

~할 만하다, ~할 가치가 있다라는 의미를 나타내며 주로 상대방에게 동작을 실행에 옮길 것을 제안하는 형태로 쓰인다.

这个菜很好吃，你可以尝一尝。Zhè gè cài hěn hǎo chī, nǐ kěyǐ cháng yī cháng.

이 요리는 아주 맛있는데, 맛 좀 봐봐(볼 만해).

不信，你就可以去看一下。Bú xìn, nǐ jiù kěyǐ qù kàn yīxià.

못 믿겠으면 직접 네가 직접 가서 보도록 해.

③ '配'

특정한 자격을 갖추어서 가지게 되는 가치를 나타낸다.

他最配当老师。Tā zuì pèi dāng lǎo shī. 그가 선생님을 맡을 자격이 있다.

这样的人才配称为天才。Zhèyàng de rén cái pèi chēngwéi tiāncái.

이런 사람이라야 천재라고 일컬을 만하다.

6) 추정 '会', '要', '该', '得', '能', '可能'

① '会'

일반적인 추정을 나타낸다.

已经这么晚了，他不会来了。Yǐjing zhè me wǎn le, tā bú huì lái le.

벌써 이렇게 늦었는데, 그는 안 올 거야.

我认为他不会错的。Wǒ rènwéi tā bú huì cuò de.

나는 그가 틀림없다라고 생각 해.

② '要'

"会"보다 실현 가능성을 보다 강하게 표현한다.

今天要下雨。Jīntiān yào xià yǔ. 오늘 비가 오려고 하네.

你们要比我们辛苦多了。Nǐmen yào bǐ wǒmen xīnkǔ duō le.
너희가 우리보다 고생이 많은 것 같아.

③ '该'

다가올 동작의 사태의 발생이 당연히 그러할 것임을 추정한다. '应该'보다 구어적이다.

这酒该不会有假吧！ Zhè jiǔ gāi bú huì yǒu jiǎ ba! 이 술은 가짜가 있을리 없겠지?
再不用工，又该考不上了。Zài bú yònggōng, yòu gāi kǎo bú shàng le.
더 열심히 하지 않으면 또 불합격하게 될거야.

④ '得'

정황이나 사실의 필요에 의해 생기는 추정이며 '应该'보다 구어적이다.

要不加衣服，得着凉。Yào bú jiā yīfu děi zháoliáng. 옷을 더 껴입지 않으면 감기에 걸릴 거야.
这么晚才回去，妈又得说你了。Zhème wǎn cái huí qù , mā yòu děi shuō nǐ le.
이렇게 늦게서야 집에 간다면 엄마가 너를 꾸짖을 거야.

⑤ '能'

객관적으로 주어진 상황이나 조건 속에서 추정한다.

今天能到首尔吗？ Jīntiān néng dào shǒu'ěr ma? 오늘 서울에 도착할 수 있을까요?
中午不能下雨。Zhōng wǔ bú néng xià yǔ. 점심 때 비가 오지 않을 것이다.

⑥ '可能'

추정에 대한 확신의 강도가 약하다.

很可能他已经到家了。Hěn kěnéng tā yǐjing dào jiā le.
그는 분명히 이미 집에 도착했을지도 모른다.
他可能把家忘了。Tā kěnéng bǎ jiā wàng le.
그는 아마도 집을 잊었을지도 모른다.

3.2.4 조동사의 긍정과 부정형식 대조

조동사의 양상에 따른 부정형식은 일대일로 일치하지 않는다. 아래와 같이 각각의 양상별로 대응하는 부정형식이 존재한다.

No.	양상	긍정	부정
1	능력	能, 会, 可以	不能 不会
2	허가	能, 可以	不能 不行 不成
3	소망	想, 要	不想 *不要
	자원	肯 의지, 敢 용기	不肯 不敢
4	의무	应该, 该 ; 要, 得	不应该 不该 不用 不必
5	가치	值得, 可以 配	不值得 不配
6	추정	会, 要, 该, 得, 能, 可能	不会 不可能

'不要'는 남방에서 사용하는 경우가 있으나 일반적으로 금지의 표현이 되므로 소망의 부정 형식이 되지 못한다. děi의 경우는 부정형이 별도 존재하지 않으며 발음이 dé로 바뀌어 부정사 不와 함께 쓰이며 의무 표현을 나타내는 조동사로 기능하기도 한다.

3.2.5 주요 상용 조동사의 비교[29)]

能[보유]과 会[습득]

	能	会	예문
능력보유	O	OO	我儿子刚一岁，就能/会走路了。
사실추정	O	O	下这么大的雨，她能/会来吗？
기술습득	O	OO	她不怎么会说普通话。她会做菜。
능력회복	O	X	我的牙不疼了，能/*会吃饭了。
구체적기준	O	X	她一个小时能/*会打一万字。

29) OO은 둘 중에 더 선호한다는 의미이며 O은 가능하다, X는 사용이 불가하는 의미이다.

능력중심[양]	O	X	他真能说，一说就是三个钟头。
습득중심[질]	X	O	他真会说，死人也能让她复活了。

能[보유]과 可以[허가]

	能	可以	예문
능력 보유	O	O	她能/可以说出两千以上的成语。 我能/可以用汉语写日记了。
사실 추정	O	X	雨下得那么大，他不能/*可以来了，别等了。 天阴得厉害，一会儿一定能/*可以下雨。
기술 습득	O	X	这孩子才十个月就能/*可以走路了。 她很能/*可以写，一写就是一个通宵。
허가 의문 형식	O	O	我能/可以跟他说会儿话吗？ 这儿能/可以抽烟吗？
허가 부정 형식	OO	O	你千万不能把这件事告诉他。 他们正在开会，你不能进去。
평가	X	O	他的这个意思很好，可以/*能考虑。 这件衣服看上去很不错，可以/*能试试。

问&答

問 : 동목이합어에서 帮他的忙(그를 돕다)나 生他的气(그에게 화내다)는 가능한데 왜 결혼을 하다(*结她的婚)는 성립하지 않을까?

答 : 동목이합어는 관형어로 동작의 영향을 받는 대상을 명시할 수 있지만 상호동사인 경우에는 주어와 목적어 모두 함께 하는 동작이므로 일방적으로 영향 받는 대상이 아니기에 불가하다. 吵架도 마찬가지로 吵他的架 형식이 불가능하다.

问&答

問 : 이중목적어 구문에서 借는 빌려주다인가? 아니면 빌려오다인가?

答 : 답은 둘 다이다. 수여의 의미와 취득의 의미를 모두 가진 중국어 동사에는 '借빌리다', '租세놓다', '换바꾸다', '分나누다' 등 극히 일부동사만이 가능하다.

我借了他一本书。

수여 의미: 나는 그에게 책 한권을 빌려주었다.

획득 의미: 나는 그에게 책 한권을 빌렸다.

我租了他一间房。

수여 의미: 나는 그에게 방 하나를 세 주었다.

획득 의미: 나는 그에게서 방 하나를 세 얻었다.

我换他八块钱。

수여 의미: 나는 그에게서 8원을 바꿔줬다.

획득 의미: 나는 그에게 8원을 바꿨다(바꿔왔다).

思考与练习

1. 다음 괄호 안에 설명이 맞으면 'O'를, 틀리면 'X'를 넣으세요.

① 조동사는 중첩형을 만들 수 있다. (　　)

② 조동사는 용언성 목적어 외에 체언성 목적어를 취할 수 없다. (　　)

③ 자동사 중에서 이합동사는 단어 자체가 목적어 성분을 가진다. (　　)

④ 일반적으로 비지속성 동사는 진행태나 지속태를 표현할 수 없다. (　　)

⑤ 조동사는 질문에 대해 단독으로 답할 수 있다. (　　)

2. 다음 동사의 가능한 중첩형을 모두 써 보세요.

① 想 ➜ ____________________

② 研究 ➜ ____________________

③ 见面 ➜ ____________________

3. 다음 문장에서 동사의 중첩형이 표현하는 기능적 의미를 써 보세요.

① 我们休息休息吧。➜ ____________________

② 他朝我点了点头。➜ ____________________

③ 星期天我洗洗澡，看看书。➜ ____________________

4. 다음 괄호 안에서 알맞은 조동사를 골라 보세요.

① 我(可能, 可以)进来吗?

② 现在(该, 得)你说了。

③ 我(想, 要)一杯咖啡, 你呢?

④ 今天不(要, 会)下雨。

⑤ 你(应该, 愿意)帮助帮助他。

⑥ 我(会, 可能)说汉语。

5. 다음 괄호 안에 들어갈 알맞은 단어를 연결해 세요.

① 说(________) •		• 一杯咖啡
② 看(________) •		• 话
③ 准备(________) •		• 李
④ 姓(________) •		• 电视
⑤ 喝(________) •		• 学习汉语

6. 다음 〈보기〉에서 문제에 해당하는 동사를 모두 골라 써 보세요.

〈보기〉

去 借 叫 觉得 聊天 见面 病 上 说 送 在 听说
认为 躺 打算 跑 给 毕业 到 告诉 休息 吃 教

① 목적어를 가질 수 없는 동사

➜ ______________________________

② 용언성 목적어를 가질 수 있는 동사

➜ ______________________________

③ 목적어를 2개 가질 수 있는 동사

➜ ______________________________

④ 목적어로 장소를 가질 수 있는 동사

➜ ______________________________

7. 다음 단어들을 이용하여 적절한 표현이 되도록 만들어 보세요.

① 结婚, 想, 我, 她, 跟

➜ ______________________________

② 大学, 去年, 我, 毕业, 了

➜ ______________________________

③ 觉, 我, 睡了, 一会儿, 刚才

➜ ______________________________

8. 다음 문장에서 틀린 부분을 지적하고, 틀린 이유를 설명해 보세요.

① 他问给我一个问题。

➜ ______________________________

____

② 我喜欢吃完饭出去散步散步。

➜ ______________________________

____

③ 他会不会游泳吗？

➜ ______________________________

____

参考资料

孟琮、郑怀德、孟庆海、蔡文兰 1995『汉语动词用法词典』, 商务印书馆.

周有斌 2010『现代汉语助动词研究』, 安徽大学出版社.

袁毓林 1998『汉语动词的配价研究』, 江西教育出版社。

김선아 2004 〈중국어 동사 '做'와 한국어 동사 '-하'의 대조연구 : 韓中설문조사를 중심으로〉 중국학연구 제30집.

김종호, 이민혜 2013 〈한국어 '보다'와 중국어 '看'의 의미항목 대비〉 중국문학연구 제50집.

김주아 2013 〈漢韓"來/去"的視點差異〉 중국언어연구 제45권.

魯錦松 2008 〈한국어 '-고 싶다'와 중국어 '想'의 대조연구〉 이중언어학 제38호.

李颖 2013 〈情態助動詞"要"與韓語在情態和語用上的比較〉 중국어교육과연구 제18호.

박미애 2011 〈현대중국어 동사복사문의 한국어 대응형식 연구 및 교육제안〉 중국어문학논집 제66집.

孫惠波 2006 〈한국어 기능동사 '하다'와 중국어 기능동사 '작'의 비교연구〉 崇實語文 제22집.

송지현, 이현희 2014 〈한국어와 중국어 '가다'류 어휘 대조와 중국어 낱말의 교수·학습 방안〉 한국언어학회 제6집.

焉德才, 姜信碩 2009 〈漢語'吃'和韓語'먹다'語義對比研究〉 중국문화연구 제15집.

엄녀 2008 〈한·중 양태 표현의 대조적 고찰 : 한국어 '-(으)ㄹ 수 있다'와 중국어 '能'의 대조를 중심으로〉 이중언어학 제36호.

염철 2009 〈중국어 동사 '進'과 한국어 동사 '들다'의 대조 연구〉 중국어 교육과 연구 제9호.

염철 2012 〈이동 동사 '오르다'와 '上'의 의미 기능과 대응관계〉 중국어 교육과 연구 제15호.

염철 2013 〈이동동사 '내리다'와 '下'의 대조 연구〉 중국어교육과연구 제18호.

王曉輝 2009 〈한국어 본동사 "주다"와 중국어 동사 "給"의 대비 연구〉 崇實語文 제23집.

李允玉(2001) 〈"VV" "V 一下川 'V 一会儿" 格式与动词的选用〉 上海师范大学学报(社会科学版) 第三期.

임선미 2007 〈중국어 보어동사의 분류체계와 한국어의 상응형식 대비〉 수행인문학 제37집.

朱偉 2012 〈중국어 '要'와 한국어 '-겠-'의 양태적 용법에 대한 비교 연구〉 한중인문학연구 제36집.

최설남, 이관식 2013 〈한국어 동사 '오르다, 내리다'와 중국어 동사 '上, 下'의 의미 대조 분석〉 시학과 언어학 제25집.

최순희 2007 〈한국어 '가다'와 중국어 '去'의 의미 비교〉 東方學術論總 第5期.

황신애 2012 〈중국어 '負'와 한국어 '지다' 동사의 통사적 의미 대응 관계 고찰〉 중국학논총 제36집.

4 전치사와 조사

主要论点

전치사의 기능과 용법을 살펴 보자.
조사의 분류와 기능에 대해 간단히 살펴 보자.

4.1 전치사

4.1.1 전치사의 개념

전치사는 문자 그대로는 앞에 두는 단어를 말한다. 영어로는 'prepositon'이라고 하는데 명사성 어구 앞에 위치하여 붙인 명칭이다. 중국어도 동일한 위치에 오므로 전통적인 명칭인 '介词'를 대신하여 전치사라고 한다. 한국어에서는 동일한 기능을 하는 품사로 조사가 있다. 다만 중국어나 영어와 달리 명사성 어구 뒤에 위치하여 후치사라고 부른다.

한국어 : 전 한국**에서** 왔어요.
중국어 : 我来**自**韩国。
영어 : I come **from** Korea.

중국어의 전치사는 동사에서 파생된 경우가 많다. 동사가 지닌 어휘 의미가 소실되면서 실질어에서 기능어인 전치사로 품사의 전성이 일어난 것이다. 전치사는 구체적인 어휘 의미보다는 문법적 기능만을 가진 중국어의 대표적인 허사(虚词)이다.[30]

30) 실질적인 어휘 의미를 지닌 단어를 실사(實詞)라고 하고 문법적 기능만을 지닌 단어를 허사(虛詞)라고 한다.

중국어 동사와 전치사의 비교와 판단

동사	전치사
동사 자신이 술어 (뒤에 조사,목적어 등)	전치사 뒤 동사 술어 출현[17]
我在家。 나는 집에 있다.	我在家玩电脑。 나는 집에서 컴퓨터를 합니다.
我们大家给他一点掌声好不好？ 우리 모두 그에게 박수 소리 주는게 어때?	那你给晴依吃嘛! 그럼 너 칭이에게 먹도록 하지(그래)!
我们两家门对门。 우리 두 집은 문과 문을 마주하고 있다.	他对我很好。 그 사람 내게 아주 잘 해줘.
我从来没有离过婚。 나는 여태까지 이혼한 적이 없다.	我想让你离我远点儿。 너를 나한테서 좀 떨어져 있게 하고 싶다.

4.1.2 전치사의 기능과 위치

1) 전치사구의 기능

전치사구는 전치사와 전치사의 뒤에 오는 명사구로 이루어지며 일반적으로는 문장에서 주어와 동사 술어 사이에 온다. 전치사구는 문장 속에서 장소, 시간, 원인, 대상 등을 나타내는 부사어로 기능한다.

① 부사어 기능

我跟他商量。 나는 그와 의논한다.
我在家等你。 나는 집에서 너를 기다린다.

일부 전치사는 동사 술어의 뒤에서 보어로도 기능한다.

② 보어 기능

来自星星的你。 별에서 온 그대
他躺在床上。 그는 침대 위에 누워 있다.

31) 물론 동사 술어가 연속되는 연동문의 경우도 존재하므로 동작 행위에 수반하는 부수적인 것인지를 따져봐야 할 필요도 있다.

2) 전치사구의 위치

전치사구의 출현 위치는 주어와 술어 사이에 부사어로 오는 것이 일반적이나 담화상의 필요에 따라 문두로 나가기도 한다. 부정사나 조동사가 오는 경우 그 앞뒤로 모두 올 수 있지만 전치사구 별로 문장에서의 의미 기능에 따라 오는 위치가 변할 수 있다. 전치사구의 출현 가능 위치를 살펴보면 다음의 5가지를 생각해 볼 수 있다.[32)]

① (A)위치에만 출현할 수 있는 전치사
② (A)와 (B1)위치에만 출현할 수 있는 전치사
③ (A), (B1), (B2)위치에 출현할 수 있는 전치사
④ (B2)에만 출현할 수 있는 전치사
⑤ (C)위치에 출현할 수 있는 전치사

A	주어	B1	부정사 조동사	B2	동사	C

가. 전치사 의미 관계에 따른 주어 앞뒤와 술어 앞뒤의 위치 관계표

의미관계	대표전치사	A 서술대상	B1서술대상	B2동작대상	C
1주제	关于/至于(对于)	√	(√)		
2제외	除了	√	√		
3대상	对[제한적]	(√)	√	√	
4기점	从	√	√	√	
5원점	在	√	√	√	√
6근거	据/根据	√	√	√	
7원인	因为	√	√	√	
8목적	为了	√	√	√	
9종점	到	√	√	√	√
10주체	被			√	
11객체	把		관용적 표현 예외	√	
12도구	用			√	
13방향	往/向			√	√
	朝			√	
14수혜(종점)	给			√	(√)
	替/为			√	
15비교	比			√	
16기점[=장소]	从			√	
17목적	为	√	√	√	
18원인	为	√	√	√	

32) 전치사구의 출현 위치에 관하여는 박정구(1997)의 논문 〈중국어 전치사구의 분포적 특성〉을 참조

나. 전치사구 출현 위치별 예문

1A. 关于今年的工作按排，我们下次讨论。

올해의 업무배치에 관해서는 우리는 다음에 토론한다.

1B. (X) 我们关于今年的工作按排下次讨论。

1A. 对于这里的风俗，我还不很熟悉。

이곳의 풍속에 대하여는 나는 아직 그다지 익숙지 않다.

1B1. 我对于这里的风俗还不很熟悉。

1B2. 他有什麽事，可以对你们秘书讲。동작대상

그가 무슨 일이 생기면 비서 여러분에게 이야기 할 수 있어요.

1A. 对那些告急电话，不必过分重视。서술대상

그 긴급전화들에 대해 너무 중시할 필요가 없다.

2B1. 他们除了吃饭之外就不会有机会在一起。

그들은 밥먹는 일 외에 함께 있을 기회가 없을 것이다.

2B2. (X) 他们不会除了吃饭之外就有机会在一起。

3A. (X) 对我他使了一个眼色。3B. 他对我使了一个眼色。

4A. 从上一周我们就开始上课了。4B. 我们从上一周就开始上课了。

지난주부터 우리는 수업을 시작했다.

5A. 在阅览室里，他们俩整整看了一天的书。

열람실에서 그들 둘은 하루 종일 책을 봤다.

5B. 他们俩在阅览室里整整看了一天的书。

6A. 据天气预报说,明天有大风。

날씨예보에 따르면 내일은 바람이 크게 분다.

7A. 因为女儿生孩子，妈妈请了假回家去。

딸이 아이를 나아서 엄마는 휴가를 내고 집으로 돌아갔다.

7B. 妈妈因为女儿生孩子，请了假回家去。

8A. 为了事业,他想出多少五花八门的鬼点子!

사업을 위해서 그는 온갖 괴상한 방법을 다 생각해 냈다.

8B. 他为了事业想出多少五花八门的鬼点子。

9A. 到西安旅游去。

서안으로 여행간다

9B. 你到哪儿去？

당신 어디로 가나요?

9C. 这封信是寄到他那儿的。

이 편지는 그사람에게로 부치는 거야.

10B2. 那本书被他拿走了。

그 책은 그가 가져갔어.

11A. (X) 把那本书我看完了。

12B2. 我把那本书看完了。

나는 그 책을 다 봤어.

13A. (X) 往北京火車开去

13B2. 火車不往北京开去。

기차는 북경으로 가지 않아.

14A. (X) 给小李我打了个电话。

14B2. 我给小李打了个电话

나는 샤오리에게 전화 걸었어.

14B2. 你从來也不为我考虑。수혜자

너는 지금까지도 나를 고려해주지 않는구나.

14C. 这封信是寄给他的。종점(=到 + NP那儿)

이 편지는 그에게 부치는 거야.

15B2. 那本书不比这本书厚一点儿。

그 책은 이 책보다 좀 두꺼워

16B2. 他没从英国回来。

그는 영국에서 돌아오지 않았어.

17A. 为避免传出去引出误会，大家就暂不议論此事吧。

이야기가 퍼져서 오해를 일으키는 일을 피하기 위해 모두가 잠시 이 일은 논의하지 말자.

18B. 小李并不会为这几句话而失去了自信。

샤오리는 결코 이 몇 마디 말로 해서 자신감을 잃지는 않을거야.

다. 전치사구의 위치와 주제성

주어의 앞에 온다면 주어를 포함하는 전체 사건에 대한 주제(Topic)적 성격을 띈다. 후행하는 어구의 동작 행위와의 직접적 관련성은 그만큼 낮아진다. 먼저 주어의 앞 뒤 위치에 따른 차이를 보자. 주제성이 큰 것을 순서대로 보면 주어의 앞, 주어 앞뒤 모두 가능, 주어 뒤에만 출현하는 전치사구이다.

① 주어의 앞에만 출현하는 전치사 : 关于, 至于 등

② 주어의 앞뒤에 모두 출현할 수 있는 전치사 : 对于, 从, 在, 为了 등

③ 주어의 뒤에만 출현하는 전치사 : 把, 给, 往, 跟, 和, 用 등

문장의 문두에서 문장의 주제로 나온 전치사구에서 전치사 关于, 对于를 생략하고 명사구

주제로 만들 수도 있다.

(關于)今年的工作按排, 我们下次讨论。올해 업무배치에 관해서는 다음번에 토론합니다.
(X) 我们关于今年的工作按排下次讨论。
(对于)这里的风俗, 我还不很熟悉。
이 곳의 풍속에 대하여는 나는 아직 그다지 익숙하지가 않다.

라. 전치사구의 위치와 시간 순서
동사 술어의 앞에 오는 전치사구는 논리적으로 동사 술어보다 시간 순서가 선행한다.

他在书店买了一本书。그는 서점에서 책을 한 권 샀다.
(X) 他买了一本小说在书店。책 사기+서점에 있다

他把那本书放在桌子上。그는 그 책을 탁자 위에 놓았다.
(X) 他把那本小说买在书店。그 책+사기+서점에 있다

3) 전치사구의 부정

① 부정의 범위 (전치사구와 不의 위치관계)

전치사구는 부정사 不의 앞에서 또는 뒤에서 위치할 수 있는데 전치사구의 앞에서 부정사를 놓는 경우 일반적으로 전치사구가 포함된 사건의 부정이 이루어지며 부정의 초점을 전치사구가 받게 된다.

가. 전치사구 앞 뒤 부정사 모두 가능
앞뒤로 모두 가능한 경우 앞에 오는 경우와 뒤에 오는 경우의 부정의 대상이 달라진다.

他 '不'在家 喝啤酒。
그는 집에서는 맥주를 마시지 않는다. (But, 밖에서는 마신다.)
他在家 '不'喝啤酒。집에서는 맥주를 마시지는 않는다. (But, 다른 술을 마신다.)

나. 전치사구 앞 부정사
동작과 긴밀한 관계를 맺고 있는 전치사구는 부정사를 앞에 두고 전치사구를 포함한 전체 동작에 대한 부정을 한다. 통상 전치사구가 초점을 받는다. 동사 술어의 동작성이 일반적으로 강하다.

16. 这录像机要是再/又/(X)还坏了，你就换一台吧。[还= + 失去 동사 상실의미 불가]
이 캠코더가 또 망가진다면 하나 바꾸도록 해라.

17-19. 喝了酒17又/18再/19还抽烟就容易醉。[17又=不如意]
술을 마시는데다가 담배까지 피면 쉽게 취한다.

19. 遇上了天灾(X)还碰到人祸，那就真没有活路了。[19 还=동사와 결과보어 구문 불가]
천재를 당하고 다시 인재를 입으면 그건 정말 살길이 없는 거다.

7) 정도부사의 비교 '比较 & 更 & 还'

	比较	更
의미 비교	무언가와 비교하여 [역으로~하다] 比较好 ⇒ 不好와 대비	[더욱~하다] 동일한 상황이 한 발 더
예문	他 原来 身体 不 好， 最近 比较 好 了。 그는 원래 몸이 좋지 않았으나, 최근비교적 좋아졌다	他 本来 身体 好， 近来 更 壮 了。 그는 원래 몸이 건강했으나, 요즘 들어 더욱 강건해졌다.

8) 부정부사 没(有) & 不의 비교

① 기능별 예문 비교

	没(有)	不
기능	객관적 완료 부정	주관적 미실현 행위나 상태 부정
상세	: 실현이 완료되었거나 실현 중인 행위나 상태의 부정 진행형, 지속형, 완료형, 경험형, 임박형 등의 부정사	상태의 부정이나 화자의 의지가 개입된 행위의 부정
예문 대조	我没吃早饭呢！[客观现在]	我不吃早饭了。[主观现在]
예문	他 没 吃早饭。그는 아침밥을 먹지 않았다. 她 的 病 还 没有 好 呢。 그녀의 병은 아직 좋아지지 않았다. 미래완료 明年这个时候可能还没毕业。 上次他都没参加，听说下次还不想参加。	他不来。그는 오지 않아 我不吃辣的。나는 매운 거는 먹지 않아. 昨天天气不好。어제 날씨가 좋지 않았어. 上次他都没参加，听说下次还不想参加。 지난번에 참가하지 않았는데 다음 번에 그래도 참고하고 싶다고 했어. 我不吃早饭了。나는 아침밥을 먹지 않겠어.

'不'는 주관적인 바램이 자주 반영되며 현재와 미래의 행동을 부정하지만 과거에도 사용가능하다. '没'는 객관적인 서술을 주로 하며 동작이나 상태의 실현이나 완성을 부정하며 과거, 현재, 미래 등 시제와 상관없이 미실현된 사건을 표현한다.

② 주요 기능별 차이

가. 일상성 습관성 동작이나 비동작동사의 부정은 '不'로 한다.

他从来不迟到。
그는 여태껏 지각한 적이 없다.

他既不抽烟，又不喝酒。
그는 담배를 피우지도 않고 술을 마시지도 않는다.

我不知道这样做对不对。
나는 이렇게 하는게 맞는지 모르겠다.

我过去不喜欢你，现在不喜欢你，将来也不会喜欢你。
나는 과거에 너를 좋아하지 않았고 지금도 너를 좋아하지 않고 앞으로도 너를 좋아하지 않을 거야.

나. 형용사 성질 부정은 '不'로 한다.

近来他身体不好，让他休息吧。
최근에 그는 몸이 안 좋아. 그를 쉬게 하자.

这种材料不结实，换别的吧。
이런 재료는 튼튼하지 않아. 다른 걸로 바꾸자.

다. 형용사 상태 변화 부정 ⇒ '没'

天还没亮，再睡一会儿吧。
날이 아직 밝지 않았으니 더 좀 자!

这件衣服没干，换另外一件穿吧。
이 옷은 마르지 않았으니 다른 옷으로 갈아 입어.

我没着急，只是有点儿担心。
난 서두르는게 아니야. 단지 조금 걱정이 될 뿐이야.

病没有好，就急着出院了。
병이 아직 안 나았는데도 급하게 퇴원을 했어.

③ 부정부사와 반복부사의 활용

가. '再不 & 不再'

부정부사 '不'와 반복부사 '再'는 결합 순서에 따라 의미가 달라진다.

유형	의미	예문
再不	주관적 확신 의지 강조	他被她骗了一次以后，就再不相信她了。 以后我再不喝酒了。
不再	객관 서술 자연 현상	从那件事以后，他不再来了。 她现在老了，不再漂亮了。

나. 부정부사 '不'와 '都'

부정부사 '不'와 범위부사 '都'는 그 결합 순서에 따라 부정의 범위가 달라진다.

구분	都不	不都
기능	전체부정	부분부정
의미	모두 ~하지 않다.	모두 ~한 것은 아니다. (전체 중 일부는 아님)
예문	他们都不是老师。 그들 모두가 학생이 아니다. 他们都不来。 그들은 모두 다 오지 않는다.	他们不都是学生。 그들이 모두 학생은 아니다. 他们不都来。 그들 모두가 오지는 않는다.

다. 부정부사 '不'와 정도부사 '很'

구분	很不	不很
기능	부정상태의 심함 강조	심한 정도의 약화
의미	아주 ~ 하다 (그러하다)	그다지 ~하지 않다
예문	他很不好。그들 아주 나쁘다. 他们很不高兴。그는 아주 불쾌했다.	他们不很好。그들은 그다지 좋지 않다. 他们不很高兴。그들 그다지 기쁘지 않았다.

9) 부사 "可 真 很" 비교

모두 정도의 심화를 표현하는 단어들이지만 전달하고자 의미나 사용상의 기능이 다소 다르다.

	可	真	很
의미	상태의 정도가 심한 뜻밖의 결과에 감탄을 표시	상태의 정도가 심함에 대한 화자의 감탄을 표시	정도의 심화를 표시
제약	X	X	관형어 등 문장 내부절에 사용
	这个问题可不简单。 이 문제는 참으로 어렵다. 这个注意可真好！ 이 생각은 정말 좋다.	他可真有本事。 그는 정말 대단한 실력을 가지고 있어. 你可别喝了，再喝就醉了。 정말이지 그만 마셔라. 더 이상 마시면 취해.	中国的女人是很(*真)幸福的女人啊！ 중국 여인은 아주 행복한 여인이야! 我跟别的留学生进行了很(*真)有意思的交流。 우리는 다른 유학생들과 아주 의미있는 교류를 가졌다.

10) 양태부사 '原来 & 本来'의 비교

	原来	本来
	我们原来不是一个学校的 우리는 알고 보니 같은 학교가 아니었다.	我们本来不是一个学校的。 우리는 본래 같은 학교가 아니었다.
상이점	원래의, 바뀌지 않은, 알고 보니	본연의, 마땅히
	他是我原来的男朋友。 그는 내 원래 남자친구다. 领导决定按照原来的图纸制作。 지도자는 원래의 설계도로 제작하기로 결정했다. 原来是你啊！ 알고보니 너였구나!	他终于露出了本来的面目。 그는 마침내 본래의 모습을 드러냈다. 学生本来就该搞好学习。 학생은 본래 학업을 잘 해야 한다.

11) 빈도부사 '常常 & 往往'

<table>
<tr><th></th><th></th><th>常常</th><th>往往</th></tr>
<tr><td rowspan="2">치환가능</td><td>결과 / 조건수반</td><td>他常常工作到深夜。</td><td>他往往工作到深夜。</td></tr>
<tr><td>조건 대동</td><td>一到星期六,
我们常常去这家饭店吃饭。
星期六他常常去看电影。</td><td>一到星期六,
我们往往去这家饭店吃饭。
星期六他往往去看电影。</td></tr>
<tr><td rowspan="4">치환불가</td><td>부정형식</td><td>他不常去看电影。</td><td>X</td></tr>
<tr><td>결과/조건 미수반</td><td>他常常感冒。</td><td>X</td></tr>
<tr><td>주관적 희망 미래의 일</td><td>我会常常来看你的。
明年我退休了，可以常常去旅行了。</td><td>X</td></tr>
<tr><td>다수에 대한 경험 규율 설명</td><td>X</td><td>吸烟的人往往身体不好。
现在的年轻人结婚后往往喜欢独立生活。</td></tr>
<tr><td></td><td>是 앞에 위치</td><td>X</td><td>什么事情往往都是开头难。
他往往是回避不谈。</td></tr>
</table>

5.2 접속사

접속사는 중국어로 '连词'라고 하며 단어나 구, 문장을 서로 연결해 주는 단어이다. 문장 내부에서 문장성분으로 기능하지는 않기에 접속사가 나타내는 기능은 접속사 앞뒤 두 어구의 관계를 표현할 뿐이다. 접속 관계의 다양한 기능에 의거 접속사를 분류해 볼 수 있다.

5.2.1 접속사의 분류

접속사는 대등한 관계인지 종속적인 관계인지에 따라 대등과 종속으로 나눌 수 있다. 대등한 관계로 서로 연결되는 것을 대등접속사(联合 : 복합사건)이라고 하며 한 어구가 다른 한 어구를 수식하는 수식－피수식 관계인지를 나타내는 종속접속사(偏正 : 수식어-중심어)로 나눌 수 있다. 절과 절의 관계에 따라 다시 세분하여 각각 대등접속사는 병렬, 선택, 점층을 나타내고 종속접속사는 순접으로 인과, 선후, 조건을 역접으로 양보, 전환 등을 나타낸다.

<table>
<tr><th>구분</th><th colspan="3">접속</th></tr>
<tr><td>대분류</td><td>대등</td><td colspan="2">종속</td></tr>
<tr><td rowspan="2">소분류</td><td rowspan="2">병렬
선택
점층</td><td>순접</td><td>인과(사실)
선후(사실)
목적(사실)
조건(가정)</td></tr>
<tr><td>역접</td><td>전환(사실)
양보(가정)</td></tr>
</table>

5.2.1.1 대등접속사

1) 병렬 표현 접속사: 和, 跟, 同, 与, 及, 以及; 既~又(且, 也); 而

단어와 단어를 연결할 수 있는 접속사로 '和, 跟, 同, 与, 及, 以及'이 있으며 뒤에 호응하는 단어를 취하는 유형으로 '既~又(且, 也)'등이 있다. 문장을 연결하는 '而'도 상호 보충하는 의미의 대등한 관계를 연결시킨다.

我和他是好同学。나와 그는 좋은 학교 친구다.
你跟他都想去吗? 너와 그 다 가고 싶어 하니?
喜讯传来, 大家无比高兴与激动。
기쁜 소식이 전해지자 모두가 더할 나위 없이 크게 기뻐하고 감격했다.
内地和沿海地区 내륙과 연안 지역
本店经销电视机、收音机、录音机以及各种电气零件。
본점은 텔레비전, 라디오, 녹음기 및 각종 전기부품을 판매합니다.
既乱且脏 어지럽고 더럽다
既可防滥, 且不亏礼。남용을 막을 수 있고 더불어 예의에 어긋나지도 않는다.
这是伟大而光荣的任务。이건 위대하고도 영광스러운 임무이다.

2) 선택 표현 접속사 '或者, 还是, 不是~就是(而是)'

접속사에 연결된 소절 모두 해당되는 임의의 선택 관계를 나타내거나 그 중 하나를 선택하는 관계를 표시한다.

他或者是日本人, 或者是韩国人。그는 일본인이 아니면 한국인이다.
教我们日语的是张老师,还是王老师?
우리에게 일어를 가르치시는 분은 장선생님인가 아니면 왕선생님인가?
现在他不是在办公室, 就是在教室。
지금 그는 사무실에 있지 않으면 교실에 있다.
现在他不是在办公室, 而是在教室。
지금 그는 사무실에 있지 않고 교실에 있다.

3) 점층 표현 접속사

不但(不仅, 不光) ~而且(并且, 也, 还) ; 而; 除了~ 以外, (也, 还, 都)

앞 소절의 상황보다 뒷 소절의 상황을 더욱 강조하여 표현한다.

法治不但适用于官员, 而且适用于公众。
법치는 공무원에게만 적용되는 것이 아니라 일반인에게도 적용된다.

妇女参加社会活动, 不但不受限制, 而且还得到鼓励。
부녀자의 사회활동은 제한을 받지 않았을 뿐만 아니라 격려를 받았다.

青出于蓝而胜于蓝。
푸름은 쪽에서 나와 쪽보다 푸르다.

这些意见, 比较真实而客观。
이런 의견은 비교적 진실하고도 객관적이다.

除了汉语以外, 我还会说英语。
나는 중국어 외에 영어도 말할 수 있다.

'除了~以外'의 뒤에 '都'를 써서 배제하는 대상을 나타낼 수 있다.

除了我以外, 别的同学都去过美国。
나 외에는 다른 친구들은 모두 미국에 간 적이 있다.

5.2.1.2 종속접속사

1) 인과 표현 접속사 : '因为~所以 ; 由于~以致'

因为观念的性质是抽象的, 所以也就是普遍的。
관념의 성질은 추상적이기에 그래서 또한 보편적이기도 하다.

由于路太远, 病人在半路不幸死去了。
길이 너무 멀어서 환자는 도중에 불행히도 죽었다.

由于心理结构不够合理, 以致整体效应发挥很差, 造成了人才的最大浪费。
심리 구조가 합리적이지 못하여 전체 효과가 아주 형편없게 드러나고 결국에는 인재를 크게 허비했다.

2) 선후 표현 접속사 '先~, 然后 ; ~, 后来- ; ~而- '

논리적으로 또는 물리적으로 시간의 선후 관계를 표현한다. 앞의 어구가 목적이나 원인, 이유, 방식을 나타내기도 한다.

您先讲话, 接着我说一句。
十年前我见过他一面, 后来我也不知道他去哪儿。

接过雨衣, 热泪滚滚而下。
우의를 받고는 뜨거운 눈물이 철철 흘러내렸다.

'而'은 4자격으로도 자주 사용한다.

不欢而散 기분 나쁘게 헤어지다	挺身而出 용감하게 나서다	日出而作,日落而息 해가 뜨면 일을 하고 해가 지면 휴식한다
不期而遇 우연히 만나다	一饮而尽 단숨에 마시다	一扫而光 깨끗이 쓸어버리다

3) 목적 표현 접속사 '为了~而-;~, 以便 ; 以免, 免得, 省得'

목적 표현 접속사는 앞에 오는 경우와 뒤에 오는 두 경우로 나눌 수 있다. 적극적인 목적은 주로 앞에 두고 소극적인 목적(즉 피해 방지)은 뒤에 위치한다. 여기서 '为了'는 전치사로 볼 수 있지만 이고 접속 기능을 하는 것은 전치사와 호응하여 쓰인 접속사는 '而'이다.

为了一个共同目标而奋斗。
공동의 목표를 위하여 투쟁하다.

我们欢迎学生家长的批评, 以便不断提高我校教育质量。
우리는 학부모의 비평을 환영한다. 우리 학교 교육의 질을 끊임없이 높일 수 있으니까.

你说话要小心, 省得又惹是非。
너 말 조심해라, 시비거리를 만들지 않게.

请不要靠近, 以免发生危险。
가까이 오지 말아라, 위험하지 않게.

4) 조건 표현 접속사 '只要~就 ; 只有~才; 而; 如果~, 要是~ ; 无论~, 不管~; 既然~'

앞의 표현이 특정한 조건을 내세우거나 가정하고 뒤에는 조건이나 가정 하에 일어날 사건을 표현한다.

只要对你有好处, 我就可以去做。
네게 좋은 점이 있다면 난 가서 할 수 있다.

我想这事只有你才能办好。
내 생각엔 이 일은 너만이 잘 할 수 있어.

如果明天天气不好, 我们就不去了。
만약 내일 날씨가 좋지 않으면 우리는 가지 않겠다.

要是便宜一点儿的话，我就买了。
만약 좀 싸다면 난 사겠다.

既然他要打，那就打！
그가 때리기로 했다면 그럼 때려라!

무조건을 나타내기 위해서는 '无论~, 不管~' 등의 접속사를 써서 표현한다.

无论刮风 下雨，天天学习汉语。
바람이 불든 비가 오든 매일 매일 중국어를 공부한다.

不管你信不信，事实总是事实。
네가 믿든 안 믿든 사실은 언제나 사실이다.

不论你有什么困难，都不要失去信心。
어떤 어려움이 있더라도 믿음을 잃지 말아야 한다.

5) 전환 표현 접속사 : '虽然(尽管)~但是(可是, 然而) ; 而'

肥而不腻，清而不淡。
기름지면서도 느끼하지 않고 담백하면서도 싱겁지 않다.

李老师讲课向来是少而精，简而明。
이 선생님의 강의는 이제껏 적은 내용이지만 핵심을 찌르고 간단하지만 명확하다.

这个职业虽然很苦，但是苦有苦的乐趣。
이 직업은 비록 아주 힘들지만 힘든 가운데서 오는 즐거움이 있다.

他虽然没有什么经验，但是工作做得很好。
그는 비록 별다른 경험이 없지만 업무를 아주 잘 한다.

尽管我们在同一的单位工作，然而却很少见面。
우리는 같은 직장에서 근무하지만 오히려 거의 만나지 못한다.

6) 양보 표현 접속사 : '即使(就是) ~也 ; 与其~宁可(不如)'

他们的学说，即使在当时，也只能成为闲谈的材料。
그들의 학설은 당시에 존재했더라도 수다거리가 될 수밖에 없었을 것이다.

明天即使下雨，运动会也照常进行。
내일 설사 비가 오더라도 운동회는 그대로 진행한다.

与其委屈求全，讨好别人，我宁可守着孤独。
억울하게 구색 다 갖추고 남에게 잘 보이기 보다는 차라리 고독을 견디겠어요.

与其学习中国遗产，不如向外国遗产学习。
중국의 유산을 배우느니, 외국의 유산에게서 배우는 게 낫겠다.

即使你去，我也不去。
네가 갈지라도 나는 가지 않겠다.

就是书本知识，也要和实际结合起来，才能显示出它的真正效用。
책의 지식일지라도 실제와 결합해야지만 비로소 진정한 효용을 알 수 있다.

5.2.2 접속사의 위치와 생략

단어와 단어 / 구와 구 / 문장과 문장 연결을 하는 단어인데 그 위치와 생략이 자유롭다.

1) 위치

일반적으로 앞 뒤 절주어가 동일하면 주어가 접속사의 앞에 위치하고 절주어가 상이하면 주어가 뒤에 위치한다.

即使你去，我也不去。주어의 불일치
네가 갈지라도 나는 가지 않는다.

你即使有七十二变，能担保不被他们识破吗？
네가 수십번을 변한다 할지라도 그들에게 간파당하지 않으리라 보장할 수 있을까?

你不但要好好学习，还要耐心地帮助老王。
너는 열심히 공부해야 할 뿐만 아니라 인내심을 가지고 라오왕을 도와야 한다.

只要你能这样做，我就教你。
네가 이렇게 할 수만 있다면 내가 너를 가르쳐 줄게.

2) 생략

접속사와 호응하는 부사(접속부사, 关联副词)만 남기고 앞의 접속사를 종종 생략한다. 주로 병렬, 점층, 양보, 조건, 전환, 인과 관계 등 대부분의 상황에서 앞의 접속사는 생략하는 경우가 많다. 뒤의 호응하는 접속사의 경우에는 전환과 인과의 '但是', '可是' 등은 생략이 가능하다. 그렇지만 '就'나 '也' 등의 호응하는 부사는 일반적으로 생략이 불가하다.

他会说汉语，也会说英语。
他不但会说汉语，而且也会说英语。
그는 중국어를 말할 수 있을 뿐 아니라 영어도 말할 수 있다.

有时间，我就要去中国。
如果有时间，我就要去中国。
시간이 있다면 나는 중국에 갈 것이다.

不仅手不停，而且嘴不休。
手不停，嘴不休。
손이 멈추질 않을 뿐만 아니라 입도 쉬지 않는다.

我们不但也有发展，而且还要继续发展。
我们也有发展，而且还要继续发展。
우리도 발전이 있었고 또한 계속해서 발전해야 한다.

思考与练习

1. 다음 괄호 안에 설명이 맞으면 'O'를, 틀리면 'X'를 넣으세요.

① 정도부사는 형용사를 수식할 뿐, 동사는 수식하지 않는다. (   )

② 문장부사 '也许, 究竟, 难道'등은 반드시 문장 맨 앞에 놓여야 한다. (   )

③ 반복표시 부사 也는 주로 타인의 동작과 같음을 나타내고, 又는 주로 자신의 이전의 동작과 같음을 나타낸다. (   )

④ 복문은 다른 문장의 주어나 목적어로 쓰이지 않는 단문으로 구성된다. (   )

⑤ 복문은 반드시 접속사를 대동해야만 한다. (   )

2. 다음 괄호 안에 알맞은 접속사를 골라 넣어보세요.

① 小李(__________)是我的老师, (__________)是我的朋友。 〈又…又… / 一边…一边…〉

② (__________)天气不好, 所以我们没有出去。 〈如果 / 因为〉

③ (__________)女儿的学习, 他们晚上都不看电视。 〈因为 / 为了〉

④ (__________)你努力, 就能学好汉语。 〈只要 / 只有〉

⑤ (__________)你去, 我也不去。 〈要是 / 即使〉

⑥ 我虽然认识他, (__________)他不认识我。 〈不过 / 但是〉

⑦ 你(__________)不想去, 就跟我说吧。 〈要是 / 就是〉

⑧ (__________)答应了, 就不能不去。 〈既然 / 虽然〉

⑨ 每个星期六, 小张不是在睡觉, (__________)在看电视。 〈就是 / 而是〉

⑩ (__________)小王会说汉语, 而且小李也会说汉语。 〈不是 / 不但〉

3. 다음 괄호 안에 알맞은 부사를 골라 넣어보세요.

① 只有英语好, (__________) 能找到好工作。 〈就 / 才〉

② 我一下课 (__________)回家了。 〈就 / 都〉

③ 除了北京和上海, 他(__________)去过香港和广州。 〈还 / 又〉

④ 我的孩子既聪明, (__________)可爱。 〈又 / 再〉

⑤ 不管怎样, 我们(__________)可要在一起。 〈也 / 都〉

4. 다음 중국어 문장을 한국어로 번역해 보세요.

① 这种葡萄好吃而且便宜, 多买一点儿吧。

➜ ______________________________

② 别紧张, 就是说错了也没关系。

➜ ______________________________

③ 春节要到了, 因此大家都忙着买礼物。

➜ ______________________________

④ 虽然天气很冷，但是房间里很暖和。

➜

⑤ 我很想和你们一起出去玩儿，只是没有时间。

➜

5. '我们**不都**是学生'와 '我们**都不**是学生'의 차이점과 문장해석을 써 보세요.

➜

6. '他六点**就**来了'와 '他六点**才**来'의 차이점과 문장해석을 써 보세요.

➜

7. 다음 단어들을 이용하여 적절한 표현이 되도록 만들어 보세요.

① 我妈妈，高兴，不太，有点儿，好像。

➜

② 人，这个，简单，不，可

➜

③ 你, 知道, 不, 难道, 一直, 吗

➜

8. 다음 문장에서 틀린 부분을 지적하고, 틀린 이유를 설명해 보세요.

① 他只关心自己, 不从来关心别人。

➜

② 刚刚的事情很多人都看见了。

➜

③ 我曾经买了一两很漂亮的自行车。

➜

参考资料

马真 2007『現代汉语虚词研究方法论』, 商务印书舘.

史金生 2011『现代汉语副词连用顺序和同现研究』, 商务印书馆.

张亚军 2002『副词与限定描状功能』, 安徽教育出版社.

张谊生 2004『现代汉语副词探索』, 学林出版社.

张谊生 2010『现代汉语副词分析』, 上海三联书店.

周刚 2004『连词与相关问题』, 安徽教育出版社.

高珊 2014《한、중 시간부사의 대조 연구》고려대학교 석사학위논문.

김기범 2004〈중국어에서의 한국어 부사어 '빨리, 빠르게' 대응위치〉, 外国语教育研究論集 제20호.

김아영 2008《現代中國語 條件文 研究 : 假定接續詞가 없는 條件文을 중심으로》서울대학교 박사학위논문.

김종호 1999〈현대 韓·中 두 언어의 주관성 정도표시 부사의 용법 대조 분석〉, 중국어문학논집 제12호.

리해영 2011〈양태부사 '혹시' 사용에 관한 오류분석 및 중국어 대응관계〉, 중국조선어문 제175호.

卢智暎 2009《基于语料库的韩国学习者汉语连词使用研究》, 北京语言大学 博士.

毛海燕 2006〈汉韩语中全称量化词的对比 : 以 '都' 和 '모두/다' 的对比为中心〉, 중국어문학논집 제41호.

朴锦海 2011《汉韩频率副词对比研究》, 中央民族大学 博士.

朴闰柱 2004《现代汉、韩程度副词的比较》, 清华大学 硕士.

白莲花 2007《韩语表示从属关系连接词尾与汉语对比研究》, 吉林大学 硕士.

卜亚南 2010《韩国留学生习得汉语虚词 "倒" "却" "但" 的实验研究》天津师范大学 硕士.

徐丽华 2001〈外国学生连词使用偏误分析〉, 浙江师大学报 第03期.

寿永明 2002 "常常" 与 "往往" 的语义语法特征 浙江师范大学学报(社会科学版) 年 第2期(总第118期).

이설 2006《한국어와 중국어 접속문의 표현 방식에 대한 대조 연구》연세대학교 석사학위논문.

이연희 2013《한·중 정도부사 대조 연구》고려대학교 석사학위논문.

이화영 2005〈한국어와 중국어의 부정사 비교 연구〉, 중국학논총 제20집.

刘小瑜 2011〈韩国语接续副词和汉语连词对比研究〉, 科教文汇(中旬刊) 第09期.

吴善子 2010《汉韩反诘语气副词对比研究》, 上海外国语大学 博士.

张琦 2007〈"太"和 "너무" 的对比分析〉, 중어중문학 제40집.

齐悦 2010《汉韩程度副词对比研究及韩国学生习得偏误分析》, 河北大学 硕士.

贺志杰 2014〈韩国语接续副词与汉语连词的对比研究〉, 合肥学院学报(社会科学版) 第01期.

III. 중국어 성분론

1. 주어와 목적어

2. 술어의 시제와 상

3. 관형어와 부사어

4. 보어

1 주어와 목적어

主要论点

주어와 화제의 차이를 이해하자.
주어의 유형과 특성을 살펴보자.

1.1 주어

1.1.1 주어의 의미

문장은 크게 두 부분으로 나뉜다. 진술의 대상 부분과 진술 부분이다. 진술부분은 술어이며 술어가 진술하는 대상 부분이 바로 주어이다.[36)]

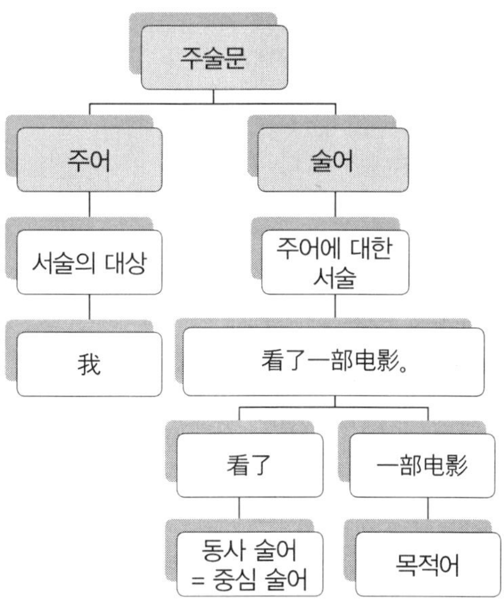

36) 주부-술부 분석법과 주어-술어 분석법의 두 가지 있는데 한국에서는 국문법의 영향으로 전자를 따르고 중국에서는 후자를 많이 사용한다. 문장의 계층 구조를 잘 보여줄 뿐 아니라 논리적으로도 타당한 주어-술어 분석법을 따르도록 한다. 이에 관한 자세한 논의는 오문의(2013)의 〈중국어문법기술상의 몇 가지 문제에 대한 담론-문장성분과 관련하여〉, 중국문학 74집 참고.

앞서 중국어 문법의 기초 장에서 밝혔듯이 주로 동작행위나 상태의 주체가 주어로 온다. 이른바 전형적인(prototypical) 주어이다.

> **我来, 他去。** 나는 오고 그는 간다.
> Wǒ lái, tā qù 。
>
> **她很漂亮。** 그녀는 아주 예뻐요.
> Tā hěn piàoliang.

1.1.2 주어의 다양한 의미 유형

그러나 한편으론 동작행위의 주체가 아닌 다른 의미 유형들도 주어로 올 수 있다.[37)]

주어 유형	예문
주체	我们吃得很饱。 大家都笑了。모두가 다 웃었다. 我受到很大的启发。우리는 커다란 깨우침을 얻었습니다.
대상	衬衫洗好了。와이셔츠는 씻어 놨다. 这个问题再商量一下。이 문제는 다시 의논해야 합니다. 中菜西菜都不在乎。중국요리나 서양요리나 개의치 않는다.
관계	乌鸦变不成凤凰。까마귀가 봉황으로 변할 수는 없다.
방식 도구	闭卷考出了真水平。닫고 시험봐야 진짜 실력이 나온다. 大碗盛菜, 小碗盛饭。큰그릇으로 요리를 담고 작은 그릇으로 밥을 담는다.
결과	文章早写成了。글은 일찍이 다 썼다. 衣服已经做好了。옷은 이미 다 만들었어.
장소	屋里坐满了人。방 안이 사람으로 가득 찼다. 前边跑来了一个人。앞에서 한 사람이 뛰어 나왔다.
목적	研究生考取了。석사반에 합격했다.
원인	他的话使我受到很大的启发。그의 말은 내게 아주 큰 깨우침을 주었다. 经常生病会影响健康。자주 아프면 건강에 영향이 갈 수 있다.

37) 주어의 의미유형에 대한 보다 세부적인 구분은 钱乃荣(1993),《汉语语言学》, 北京语言学院出版社. 참조.

주체 이외에 대상이나 관계, 방식, 결과, 장소, 목적 등도 문두의 명사구로 서술의 대상이 되므로 주어로 볼 수 있다.[38)]

1.1.3 주어와 화제

주어가 서술의 대상이라면 실제 담화에서는 문장이 이야기하는 화제가 된다. 아래의 예문을 보자.

我曾经看过这本书。 나는 전에 이 책을 본 적이 있다.
这本书(我)曾经看过∅。 이 책은 (나는)전에 본 적이 있다.

한국어에서 화제를 표현하는 표지는 조사 '은/는'이다. 첫 번째 문장의 '我', 두 번째 문장의 '这本书'는 모두 문장이 말하고자 하는 화제이다. 그런데 두 번째 문장의 '这本书'는 첫 번째 문장에서는 동사 술어의 뒤에 온 목적어였다. 그렇지만 실제 두 문장의 전달하고자 하는 명제적 의미는 동일하다. 즉 '나'라는 동작 주체가 있고 동작 '보다'가 있으며 동작이 영향을 미친 대상 '책'이 있는 사건이 일찍이 발생했다는 말이다. 다만 주어로 주체가 왔고 주어로 객체가 왔다는 점이 두 문장의 차이점이다.

동일한 명제적 의미를 지닌 두 문장이 달라진 이유는 바로 어순이다. 문두로 목적어를 끌어내 화제화시켜 이야기의 중심이 나에서 책으로 바뀐 것이다. 이야기의 중심은 다른 말로 하자면 화제이고 문법적으로는 바로 술어가 진술한 대상 즉 주어가 되는 것이다. 이를 정리해 보면 다음과 같다.

문법(통사) : 주어 = 서술대상
의미 : 주체 또는 객체
담화-화용 : 화제 = 이야기의 중심

사실상 서술대상은 이야기의 중심이 되기에 많은 경우 주어는 화제이다. 반대로 모든

38) 주어의 범주를 서술의 대상으로 보아 폭넓게 허용하자와 동작 행위의 주체에 국한해서 다루자는 두 가지 견해가 있는데 본고는 전자의 관점을 취하고 있다.

화제가 주어일 수는 없다.

这件事情，我是外行。이 일은 나는 문외한이다.

문법적으로 뒤에 후행하는 어구의 문법 성분이 아니므로 이런 경우는 화제가 주어가 되지 않는 경우이다. 동사 술어와 직접적인 관계를 맺고 있는 서술의 대상이어야 하기 때문이다.

한편 목적어로 올 수 있는 문법 성분이 문두로 가 주어가 되고 원래 있던 주어가 생략되면 중의를 일으키기도 한다. 아래의 예문을 보자.

鸡不吃了。

a. 닭이 모이를 먹지 않는다.

b. 닭을 먹지 않기로 했다.

'鸡'가 주체이면 a의 해석을 닭이 누군가에게 먹히는 대상이라면 b의 해석을 받는다.

问&答

问: 동사나 형용사도 주어가 된다면 중국어의 품사는 자유로이 어떤 문장성분이라도 되는 것인가?

答: 실질어인 명사, 동사, 형용사 등은 문장에서 여러 개 문장성분이 가능하며 부사는 부사어(状语)만 가능하고 명사는 일부만 술어로 사용한다.

1.1.4 주어의 특징

1.1.4.1 특정한 대상

주어는 담화상의 이야기 중심인 화제이며 또한 술어가 진술하는 대상이므로 불특정한 존재보다는 화자나 청자가 모두 알고 있는 특정한 존재가 온다.

他来了。그가 왔다.

*一个人来了。한 사람이 왔다.

그는 3인칭 대명사로 화자와 청자가 모두 알고 있는 인물이며 '一个人'은 특정의 인물이 아니므로 비록 동작의 주체일지라도 비문이 된다.

1.1.4.2 총칭적 대상

총칭성을 띈 대상이 주어로 올 수도 있다.

一个电话就够了。전화 한 통이면 된다.
一个人要有自知之明。사람은 자신을 잘 알아야 한다.

불특정한 대상을 표현하는 수량사구가 주어로 출현하면서 동시에 양상을 나타내는 조동사나 조건을 표시하는 부사 '就' 등에 의해 총칭성을 띄게 되면서 주어이자 화제로서 성립하는 문장이 된다.

1.1.4.3 주어의 생략

주어는 빈번히 생략되는데 의무적인 경우와 수의적인 경우로 나눌 수 있다. 일반적으로 자연현상이나 새로운 존재물의 출현, 명령, 권유, 축원 등의 경우에는 의무적인 생략이 필요하다. 수의적인 경우는 대화나 문맥에 의해 짐작할 수 있을 때 생략함을 말한다. 즉 화자와 청자가 짐작 가능한 문맥에서는 생략이 자연스럽게 일어난다.

① 의무적 생략[39]

동작의 주체가 목적어의 위치에 나오므로 주어의 자리가 자연스럽게 비게 되거나 명령문처럼 청자를 향한 명령이나 요청임이 드러나는 문형에서는 생략하는 것이 일반적이고 다소 의무적이라고 할 수 있다.

∅下雨了! 비가 온다.
∅出太阳了。태양이 나온다.
∅来了一个人。한 사람이 왔다.
∅去吃饭吧！ 가서 밥 먹어라!
∅坐，喝茶！ 앉으세요, 차 드세요!

39) 보다 자세한 내용과 예문은 4.1 문장의 구조적 분석에서 비주술문 내용을 참조.

② 수의적 생략

다음은 앞의 발화를 근거로 하는 주어 생략이다. A의 물음에 B가 답하며 그에 관하여 묻고 있는 것을 알고 있기에 굳이 언급하지 않고 말하였다.

A: "他i什么时候回去了？"
B: "∅i刚刚回去了。"

A: "他i来了吗？"
B: "∅i来了。"

앞에 언급하는 대상이 주어로서 존재하지 않더라도 담화 속에 이미 인지된 존재라면 가능한 주어의 생략을 보자. 아래의 대화를 보자.

A: "手续i办好了吗？"
B: "∅i办好了。"

A의 질문에 주어는 없지만 이미 청자를 동작의 주체로 가정하고 있고 이를 B도 알기에 특별히 자신을 나타내는 주어를 사용하지 않고 답하였다. 상황으로 인지하고 있는 대화 참여자인 너와 나를 불필요하게 언급할 필요가 없기 때문이다.

1.2 목적어

1.2.1 목적어의 개념

중국어에서 목적어는 동사 술어의 뒤에 위치하며 동작이 영향을 미치는 대상이다.

什么时候请我吃喜酒？ 언제 내게 축하주 마시게 해줄래?
他们学汉语。 그들은 중국어를 공부한다.

첫 번째 예문은 동작의 주체인 내가 먹다라는 동작으로 '饭'에게 영향을 미치는 것이다. 두 번째 예문은 '그'라는 동작의 주체가 '중국어'라는 대상에 대하여 '배우다'라는 동작을 수행하는 것이다.

목적어(宾语)란 동작의 영향을 받는 대상으로 구체적으로 동작의 의미를 결정짓는다. 우리의 일상에서 특정한 행위에 대한 특정한 동작은 영향을 끼치는 대상에 의해 결정되기 때문이다.

> **他打人。** 그는 사람을 친다.
> **他打电话。** 그는 전화를 건다.
> **他说话。** 그가 말을 한다.
> **他说你。** 그가 너를 꾸짖는다.

그가 사람을 치는 행위가 전화를 치는 행위에서는 전화를 거는 행위로 그가 누군가에 말하는 행위가 직접 가해지면 꾸짖는 의미로 바뀌는 등 동작 행위가 목적하는 대상에 대하여 일상에서 경험할 수 있는 사실에 근거하여 의미의 제한이 이루어짐을 알 수 있다. 아울러 의미의 제한을 가하는 목적어의 유형도 다양하다. 1.2.2에서는 이러한 다양한 목적어의 의미 유형을 살펴본다.

또한 동작 행위의 의미를 제한하기도 하지만 사람이나 사물을 넘어 행위를 대상으로 할 수도 있다.

> **我喜欢他。** 나는 그를 좋아한다.
> **我喜欢跟朋友聊天。** 나는 친구와 이야기하기를 좋아한다.

중국어 목적어의 체언성 어구와 용언성 어구를 취하는 문제는 1.2.3에서 다시 다루어 보기로 한다.

1.2.2 목적어의 의미 유형별 분류

중국어의 목적어는 전형적으로 동작의 영향을 받는 대상 외에 주어와 마찬가지로 다양한 의미 유형을 가지고 있다. 아래는 그 다양한 결합 예들이다.

예시	해석	의미유형
去中国	중국으로 가다	동작 + 장소[종점]
回家	집으로 돌아가다	동작 + 장소[종점]
住北京	북경에 살다	동작 + 장소[원점]
出东门	동문에서 나오다	동작 + 장소[기점]
吃面包	빵을 먹다	동작 + 피해자
写毛笔	붓으로 쓰다	동작 + 방식
写汉字	한자를 쓰다	동작 + 결과
捆绳子	줄로 묶다	동작 + 도구
吃大碗	큰 그릇에 먹다	동작 + 도구[용기]
考研究生	석사과정 시험 보다	동작 + 목적
拉买卖	장사 위해 끌어들이다	동작 + 목적
养病	병으로 요양하다	동작 + 원인
活动选票	투표 위해 활동하다	동작 + 원인

그밖에도 대상이 새롭게 알게 된 존재물이거나 출현물, 소실물일 때는 주체도 목적어가 될 수 있다. 한국어와 달리 중국어는 어순이 문장 성분을 결정하는 중요한 요소이다. 동작의 주체가 동사 뒤에 와서 목적어가 된다는 점은 중국어만의 특징이라고 볼 수 있다.

台上坐着主席团。
我家来了一位客人。

여기서 의장단은 주체이면서 동사의 뒤에 와서 새로이 등장한 존재물로서 목적어이다. 불특정한 대상을 주어의 자리에 놓아두려면 '有'동사를 써서 불특정 대상을 용인해 주는 형식을 취해야 한다.

昨天有(一个)人找你来。불특정 대상 주체
昨天小王找你来。특정 대상 주체

1.2.3 목적어의 형식별 분류

중국어에서 목적어를 취하는 품사는 동사와 전치사이다. 동사와 전치사가 취할 수 있는 목적어의 형식적 유형으로는 크게 체언성 어구와 용언성 어구로 나뉜다. 동사가 취하는 목적어의 수량은 체언성은 하나이냐 둘이냐에 따라 나누어 볼 수 있다. 용언성 목적어에는 동사구, 형용사구, 주술구를 포함하는데 체언성 목적어와 함께 출현하기도 한다.

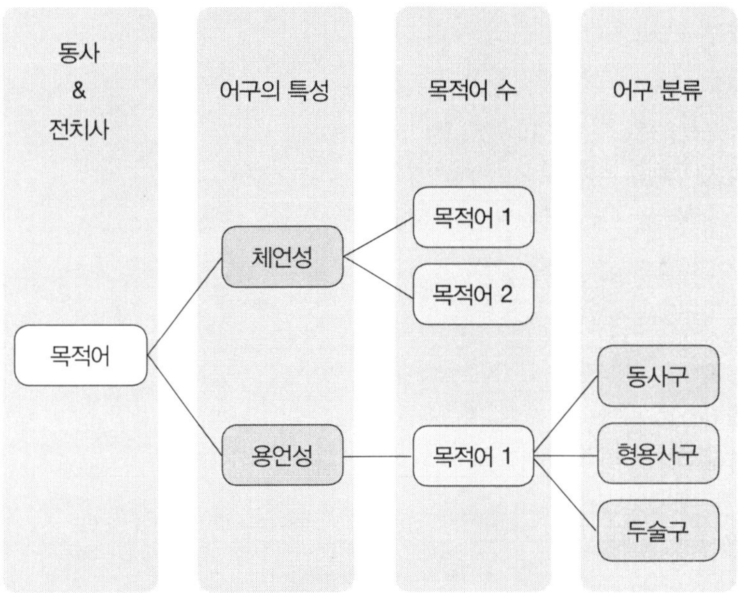

1) 체언성 목적어 분류

체언성 목적어를 취하는 동사는 목적어를 1개 취하는 유형과 목적어를 2개 취하는 유형으로 크게 나뉘는데 목적어를 2개 취하는 동사는 주다류, 획득류, 언변류의 세 가지 동사로 대별해 볼 수 있다. 체언성 목적어로 오는 어구들은 명사, 대명사, 수량구 등이 있으며 세분하면 다음의 표와 같다.

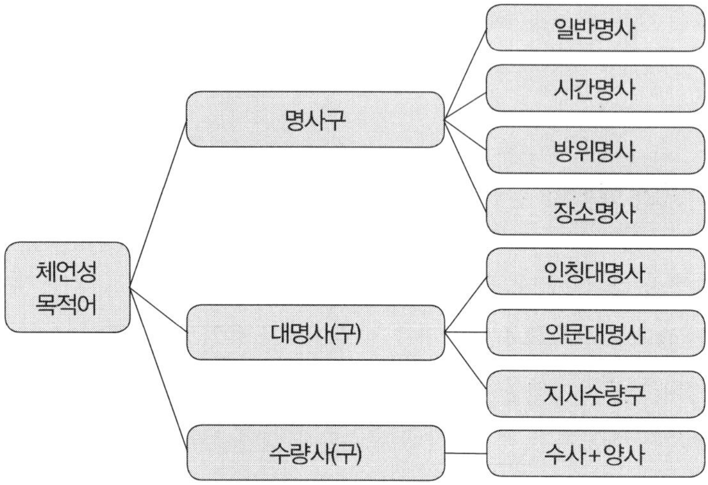

① 명사구

我要买词典。 나는 사전을 사야만 한다. [일반명사]
今天是星期二。 오늘은 화요일이다. [시간명사]
学校大门朝南。 학교 정문은 남쪽으로 향하여 있다. [방위명사]
我们回家去。 우리는 집으로 돌아간다. [장소명사]

② 대명사구

他来看你。 그가 너를 보러 온다. [인칭대명사]
你还等什么？ 너는 아직도 무엇을 기다리고 있니? [의문대명사]
我就能做这一些了。 나는 이것들을 할 수 있을 뿐이다. [지시수량사구]

③ 수량사구

我买五斤。 나는 다섯 근을 삽니다.
再来一个吧！ 하나 더 가져와 봐(더 해봐)!

2) 용언성 목적어 분류

① 동사구

现在,他需要上派出所。 지금 그는 파출소에 갈 필요가 있다.

今天又忘了带雨伞。오늘 또 우산 가져오는 걸 잊었다.
我们再进行讨论。우리는 다시 토론해야만 한다.
参观的人数应加以控制。참관 인원수에 통제를 가해야 한다.

② 형용사구

我很怕冷。나는 추운 걸 아주 무서워한다.
我觉得很快乐。나는 아주 즐겁다고 느낀다.
我们感到十分荣幸。우리는 아주 영광스럽다고 느낀다.
牙齿不算洁白。치아가 깨끗한 편은 아니다.

③ 주술구

我估计她可能不来了。내 짐작에 그녀는 오지 않을 것이다.
我想他明天回来。나는 그가 내일 돌아오리라고 생각한다.
听说他们和好了。그들이 화해했다고 들었다.
我知道你是好人。나는 네가 좋은 사람이란 걸 알아.

3) 목적어의 선택과 상용 동사군

체언	동사구 형용사구	문장(절)	체언&용언	이중목적어 수여-취득 &언변
打 买 开 穿 等 吃 喝	进行 加以 开始 继续 值得 敢于 打算 企图 感到 希望 觉得 怕	希望 觉得 怕 以为 认为	记得 通知 肯定 表示 研究 准备 同意 看见 听等 忘了 知道 相信	给 交 教 送 问 求 叫 称 告诉

思考与练习

1. 다음 괄호 안에 설명이 맞으면 'O'를, 틀리면 'X'를 넣으세요.

① 주어는 주로 화자와 청자가 모두 알고 있는 특정한 대상이다. (　　)

② 명사 · 대명사 · 수량사만 주어가 될 수 있고, 동사 · 형용사는 주어가 될 수 없다. (　　)

③ 목적어는 '대상'이나 '장소' 뿐만 아니라, '행위의 주체'가 될 수도 있다. (　　)

④ 명사(구) · 대명사(구) · 수량사(구) 같은 '체언성 성분' 외에도, 동사(구) · 형용사(구) · 주술(구) 같은 '용언성 성분'도 목적어가 될 수 있다. (　　)

⑤ 목적어는 주어와 마찬가지로 화자와 청자가 모두 알고 있는 특정한 대상이어야 한다. (　　)

2. 다음 문장에서 주어와 목적어를 찾아 써 보세요.

① 十五个人一班。

➜ ____________________

② 我觉得非常舒服。

➜ ____________________

③ 我听说他已经出国了。

➜ ____________________

3. 다음 문장에서 주어와 술어의 관계를 구체적으로 써 보세요.

① **我们**认识两年了。➜ ____________________

② **这件事情**我们的经验不多。➜ ____________________

③ **今天晚上**有足球赛吗? ➜ ____________________

④ **屋子里**有很多人。➜ ____________________

⑤ **咖啡**喝多了。➜ ____________________

4. 다음 문장에서 동사와 목적어의 관계(의미 유형)을 구체적으로 써 보세요.

① 他写**小说**。➜ ____________________

② 我住**饭店**。➜ ____________________

③ 她吃**大碗**。➜ ____________________

④ 我养**病**。➜ ____________________

⑤ 我们家来了**一个人**。➜ ____________________

5. '**李大夫**吃了馒头了'에서 '李大夫'의 의미와 역할을 '통사론, 의미론, 화용론'적 관점에서 써 보세요.

➜ ____________________

6. '鸡不吃了'의 주어가 표현하는 각각의 의미유형을 쓰고, 의미유형에 따른 문장의 의미를 써 보세요.

➜

7. 다음 밑줄 친 부분의 문장성분을 적고, 차이점과 문장 해석을 써 보세요.

① 客人来了。➜

② 来客人了。➜

8. 다음 밑줄 친 부분의 문장성분을 적고, 차이점과 문장 해석을 써 보세요.

① 主席团在台上。➜

② 台上坐着主席团。➜

9. 다음 단어들을 이용하여 적절한 표현이 되도록 만들어 보세요.

① 我, 你, 问题, 问, 一个

➜

② 汉语, 词典, 我, 买, 打算, 一本

➜

③ 环境, 我, 这里的, 认为, 很好

➜

10. 다음 문장에서 틀린 부분을 지적하고, 틀린 이유를 설명해 보세요.

① 很多学生门口站着。

➜

② 我弟弟送一件毛衣妈妈。

➜

③ 昨天一场大雨下了。

➜

参考资料

聂仁发 2013『汉语主语和话题问题研究』, 浙江大学出版社.
徐杰、姚双云 2009『动词与宾语问题研究』, 华中师范大学出版社.
谢晓明、邢福义 2008『语义相关动词带宾语的多角度考察』, 华中师范大学出版社.
张云秋 2004『现代汉语受事宾语句研究』, 学林出版社.
이우철 2013『중국어 문장과 주어』, 경북대학교출판부.
김광호 2007《中國語와 韓國語의 主語 比較 硏究》, 강원대학교 석사학위논문.
길민균 2009《중국어와 한국어 주제의 화용론적 특징 비교 연구》, 인하대학교 교육대학원 석사학위논문.
김세미 2007〈보조사를 통한 한국어와 중국어의 주제문 비교 연구〉, 중국어문학논집 제44호.
김아영 2008〈중국어와 한국어에서 화제와 주어의 특성에 관한 대조 연구 : 한국어 조사 '은/는'과 '이/가'를 중심으로〉, 중국문학 제57집.
박현정 2006《한국어 여격표지어의 중국어 대응양상분석》, 한국외국어대학교 석사학위논문.
조은숙 2006《중국어 목적어와 이에 대응되는 한국어 성분》, 한국외국어대학교 석사학위논문.
진현, 맹춘영 2010〈한중 관계절 주어 대조 및 번역〉, 중국어문학논집 제61호.
최봉랑 2004〈中国语와 韩国语의 话题构造 硏究〉, 중국어문학 제43호.
최봉랑 2006〈중국어 주술술어문과 한국어 '이/가', '-은/는' 교육〉, 중국어교육과연구 제4호.
梁然然 2012《韩中话题标记对比》, 延边大学 硕士.
李甲男 2014《汉韩主语和话题对比研究》, 华中师范大学 博士.
李雪姬 2012《韩中双宾语句对比研究》, 上海外国语大学 硕士.
徐英红 2009〈汉韩句子成分比较〉, 安徽文学(下半月) 第03期.
杨兴锐 2007《从汉韩对比看汉语话题》, 华中师范大学 硕士.
吴英花 2009《汉韩及物动词的宾语隐现》, 延边教育学院学报 第03期.
王桐楠 2013《韩国语目的关系连接语尾在汉语中的对应关系研究》, 延边大学 硕士.
张舒 2010〈试论汉语主语话题问题〉, 现代语文(语言研究版) 第02期.
陈阳 2011〈中韩语序对比研究〉, 现代交际 第12期.
崔凤娘 2003〈以话题为基础的韩汉句法结构对比〉, 暨南大学华文学院学报 第02期.
崔志华 2010《韩国语双宾语句在汉语中的对应形式》, 延边大学 硕士.

2 술어의 시제와 상

主要论点

중국어의 시제의 표현법에 관하여 살펴보자
중국어의 상의 의미를 이해하고 구현되는 양상을 살펴보자 .

2.1 시제와 상[40]

인간의 시간 체계는 인류 보편적으로 객관적으로 존재하는 실체로 이는 언어에서 제각기 다르게 구현되지만 기본적으로 아래의 세 가지 시간으로 구성된다고 할 수 있다.

발화시 : 말하는 시간 S.T.(Speech Time)
사건시 : 사건이 발생한 시간 E.T.(Event Time)
참조시 : 참조 시간 R.T.(Reference Time)

시제는 사건시와 무관하고 발화시와 관계가 깊다. 언어 표현을 통해 우리가 참고하는 시간이 맺는 관계에 따라 시제가 결정된다.

현재시제 : 참조시 = 발화시 R.T.= S.T.
과거시제 : 참조시 = 발화시 보다 선행 R.T. 〈 S.T.
미래시제 : 참조시 = 발화시 보다 후행 S.T. 〈 R.T.

한편 사건시는 주로 상과 관련된다.

진행태 : E.T.= R.T.
완성태 : E.T. 〉 R.T.

40) 시제와 상에 관한 보편적 논의는 李铁根(1999),《现代汉语时制研究》를 참조.

한 문장의 참조하는 시간이 사건 발생 시간과 일치하면 진행을, 참조하는 시간이 사건 발생 시간보다 후행하면 완료를 나타낸다.

2.2 술어의 시제

2.2.1 시제의 개념

시제(Tense)는 시간의 흐름을 나타내는 문법 범주이다. 발화시를 기준점으로 삼아 이전의 과거에서 발화하고 있는 현재를 거쳐 미래로 이어지는 시간의 연속적인 흐름을 표현하는 수단이다.

한국어에서는 주로 동사 술어에 더해지는 '선어말 어미'에 의해서 구현된다.[41)]

철수가 책을 읽는다. **현재시제**
철수가 책을 읽었다. **과거시제**
철수가 책을 읽겠다. **미래시제**[42)]

현재는 '은/는'으로 과거는 '았/었'으로 미래는 '겠'으로 시제를 표현한다. 그렇지만 중국어는 한국어의 선어말 어미와 같은 별도로 부과되는 독자적 시제 표지가 없다.

欢迎你来北京!
북경공항: 북경에 오는 걸 환영해! **[현재]**
인천공항: 북경에 온다면 환영해! **[미래]**

41) 한국어를 영어에 대비하여 영어의 12시제에 대비한 서술형의 시제 연구가 최현배(1937)에 있다. 회상시를 제외하고 직접시제만 참고해서 정리해 보면 다음과 같다.

	현재	과거	미래
기본시	읽다	읽었다	읽겠다
완료시	읽었다	읽었었다	읽었겠다
진행시	읽고 있다	읽고 있었다	읽고 있겠다
진행 완료시	읽고 있었다	읽고 있었었다	읽고 있었겠다

42) 미래시제는 실현되기 이전에 화자의 의지나 태도를 보여주기도 하므로 조동사의 양태(modality) 범주와도 관련되나 별도로 논의하지는 않기로 한다.

북경에 도착하였다면 현재 시제를 표현한 것이며 북경으로 떠나가며 앞으로의 시간에 대해 이야기하는 것이라면 미래 시제이다. 특별한 표지가 없다면 대화 상황에 의존할 수 밖에 없다. 중국어의 시제는 어휘적 수단에 의해 주로 표현된다.[43] 어휘적 수단에는 주로 동태조사 등 허사의 운용, 시간명사나 시간부사가 해당된다.

명사술어문 他北京人。그는 북경 사람이다.
명사술어문 他当时北京人。그는 북경 사람이었다.
형용사술어문 她很漂亮。그녀는 예쁘다.
형용사술어문 她过去很漂亮。그녀는 예전에 예뻤다.
동사술어문 今天他骂我很笨。오늘 그가 나를 아주 멍청하다고 욕했다.

2.3 술어의 상

2.3.1 상의 개념 이해

상(aspect)은 중국어로는 시상(時相), 동태(动态), 동모(动貌) 등의 명칭으로 불리며 동작이 어떤 국면에 처해 있는지를 보여주는 문법 범주라고 할 수 있다. 동작의 국면은 크게 과거에 이미 완료되었거나 완료되지 않음을 표시하는 완료와 미완료로 나눌 수 있다. 완료는 현재와의 단절 여부에 따라 완료와 경험으로 다시 나눌 수 있으며 미완료는 다시 발화시 현재 동작이 끝나지 않고 진행하고 있거나 동작의 종료 후 생겨난 결과가 지속되고 있는 상황으로 나눌 수 있다.

1) 진행과 지속
2) 완료와 경험

이 밖에도 동작의 시작에 초점을 맞춘 기동상, 동작의 미래 지속을 나타내는 계속상, 기준시가 미래인 임박상을 포함하면 중국어의 상은 대체로 다음과 같다.

43) 시제에 관한 논의는 龚千炎(1995)의《汉语的时相-时制-时态》, 商务印书馆을 참조

동작상	형식	한국어 대응 표현
진행	正 / 正在 / 在 +动词 +呢	~ 하고 있다
지속	动词 + 着 +(呢)	~ 하고 있다
완료	动词 + 了	~ 했다
경험	动词 + 过	~ 한 적이 있다
기동	动词 + 起来	~ 하기 시작하다
계속	动词 + 下去	~ 하기를 계속하다
임박	就要 / 快要 / 快 + 动词 +~了	곧 ~하다

2.3.2 상과 시제와의 관련성

완료된 상황은 과거와 현재와 관계하며 미완료된 상황은 현재와 미래와 관계된다. 그러나 미래에도 완료된 상황을 가정하는 조건문이 가능하므로 시제와 상이 완전히 고정된 대응 관계를 갖는 것은 아니다. 아래는 한국어로 표현된 상의 의미를 과거, 현재, 미래의 시제 속에 대응한 표이다.

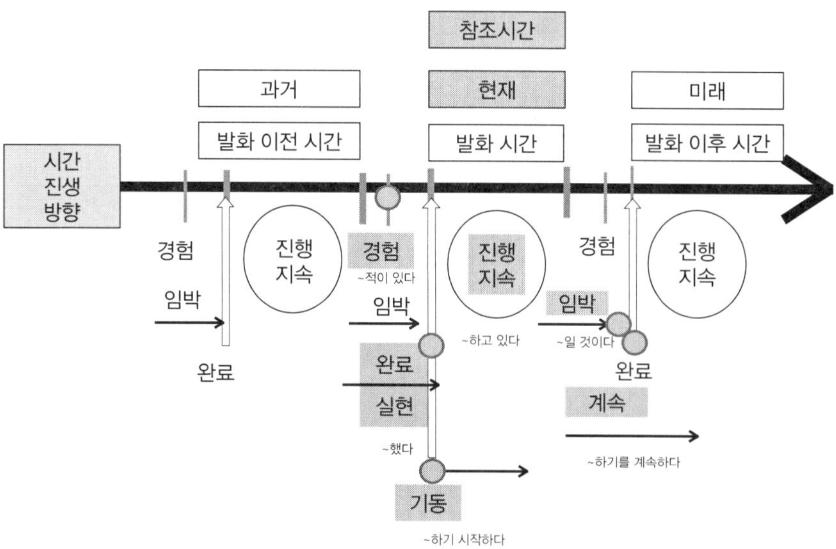

2.3.3 진행상

1) 진행상의 표지

중국어 동사 술어의 진행상은 '正, 在, 呢' 세 단어에 의해서 구현된다. '正, 在'는 모두 시간 부사로 동작이 진행되고 있음을 보여준다. 세 단어 모두 오기도 하지만 경우에 따라서는 하나가 빠져도 진행의 의미를 나타내는데 지장이 없다.

他们 正在 看 电影 呢。그들은 막 저녁을 먹고 있는 중이야.
他们 正 看 电影 (呢)。그들이 영화를 보고 있는 시간이 지금이다.
他们 在 看 电影 (呢)。그들은 영화를 보고 있는 상태이다.

아예 '正, 在'는 빠지고 '呢'만으로도 진행상을 나타낼 수 있다.

他们 看 电影 呢。
他们 在 家里 看 电影 呢。

2) 진행상 표지 '正, 在, 正在'의 차이

① 의미상의 차이

여기서 '正'은 동작의 진행 시간 강조하고 '在'는 동작 진행의 상태를 강조하며 '正在'는 동작 진행의 시간과 상태를 모두 강조한다고 볼 수 있다.

② 부가성분의 차이

'正, 在, 正在'는 부가 성분의 유무도 차이가 나는데 '正'은 다른 부가 성분 반드시 필요하다.

正看呢 正吃着 正写着呢 正担心着呢
*正看 *正吃 *正写

방향동사가 동사 술어 뒤에 보어로 온다면 '正'만 사용하기도 한다. 만약 방향동사가 보어로 오지 않으면 문장은 성립하지 않는다.

他正向我走来。그가 막 나를 향해 걸어 오고 있다.
*她正向我走。
我回头看时, 那孩子正朝她妈妈扑去。
내가 고개를 돌려 보았을 때 그 아이는 막 그녀의 엄마의 품으로 뛰어들어가고 있었다.

반면 '正在、在'의 형식은 부가성분의 유무에 영향 받지 않는다.

他正在吃! 그는 막 먹고 있는 중이야.
我在看! 나는 보고 있는 중이야.
这个计划我们正在研究。이 계획은 우리들이 지금 연구 중이야.
整个晚上她都在跳。저녁 내내 그녀는 뛰고 있다.

'又, 都, 总'은 '在'와 결합하여 일시적 반복, 총괄을 표현하지만 '지금 바로'라는 시간을 강조하는 '正'과는 함께 쓰일 수 없다.

你是不是又在考虑那件事? 너 또 그 일을 고민하고 있는거야?
*你是不是又正/正在考虑那件事?
整整一个下午, 她都在看电视。오후 내내 그녀는 텔레비전을 보고 있다.
*整整一个下午, 她都正/正在看电视。

'一直, 经常, 常常'등의 시간 부사와 어울려 반복되는 행위 또는 장기간 지속되는 행위 또한 '正' 없이 '在'만 써야 한다.

三天来他一直在等你,快去见见他吧。
삼일 동안 그는 줄곧 너를 기다려 왔어. 얼른 가서 좀 만나봐.
*他一直正/正在等你。
我们经常在考虑这个问题。
우리는 늘상 이 문제를 고려하고 있다.
*我们经常正在考虑这个问题。

3) 진행상의 부정

진행상의 부정은 '没(有)' 만 쓰거나 '没在'를 쓴다.

他 没(在) 看 书, 他 在 看 电视 呢。
그는 책을 보(고 있)지 않았고 텔레비전을 보고 있다.

4) 진행상의 의문

① '吗'의문문 사용

你在打扫吗？没有

② 의문대명사 의문문

你 在 干 什么 呢？
你 在 写 什么 呢？

③ 정반의문문

他是不是在看书？
他是不是在看电视呢？

5) 진행상과 시제

진행상은 과거, 현재, 미래 시제와 모두 가능하다.

① 과거 시제

昨天我去她家的时候，她正在打扫房子。
어제 내가 그녀의 집에 갔을 때 그녀는 막 집을 청소하고 있었다.

② 현재 시제

现在这个时候，她正在工作。지금 이 시간에 그녀는 일하고 있다.

③ 미래 시제

今天晚上九点她会在看那个娱乐节目呢。
오늘 저녁 9시에 그녀는 그 오락프로그램을 보고 있을 거야.

6) 진행상 불가 동사

진행상에 쓰일 수 있는 동사는 일정 시간의 지속성이 있어야 한다. 구체적으로 지속성이 없는 동사는 아래의 표와 같다. 이들은 모두 비지속성 동사이다.

동사 의미	동사 예시
관계동사	是 在 叫 有
인지동사 심리동사	知道 认识 感觉 觉得 明白 怕 爱 喜欢 认为 愿意
개시/종료/존재/출현/소실 동사	开始 停止 死 掉 丢
방향	来 去 进 出 上 下 过 回

2.3.4 지속상

1)지속상의 두 가지 의미

동작의 지속상은 '着'를 써서 표현하다. 동사에 따라 동작이 지속되고 있는 상태를 나타내는 '着'가 있고 동작이 종료 후 동작의 결과 상태의 지속을 나타낸다.

① 동작 과정의 지속 '着'

일반 동작동사는 '着'와 함께 동작의 과정이 지속됨을 나타낸다.

他唱着歌呢. 그는 노래를 부르고 있다.
他说着话呢. 그는 말을 하고 있다.
我等着你来呢。나는 너를 기다리고 있다.
他看着电视呢。그는 텔레비전을 보고 있다.

② 동작 결과의 지속 '着'

어떤 동사들은 동작 종료 후 그 결과로 지속되는 상태를 나타낸다.

桌子上放着书。탁자 위에 책이 놓여 있다.
门开着呢。문이 열려져 있다.
他在床上躺着。그는 침대 위에 누워 있다.
他在椅子上坐着。그는 의자 위에 앉아있다.

2) 지속상 '着' 첨가문의 부정

일반적으로 '没(有)'를 사용하여 부정한다. 동작 과정의 지속을 나타내는 '着'는 사라진다.

他看着电视呢。⇒ 他没(有)看电视。
他写着信呢。⇒ 他没(有)写信。

동작 결과의 지속 표지 '着' 는 남아서 그 결과가 지속되지 않음을 나타낸다.

桌子上放着书呢。⇒ 桌子上 没(有)放着书。
门 开着 呢。⇒ 门没(有)开着。
他没(有)躺着, 坐着呢。

3) 지속상 표지 '着'와 의문

① '吗'의문문을 사용한다.

他们等着我吗?
그들이 나를 기다리고 있나요?

门开着吗?
문이 열려 있나요?

② 정반의문문

문미에 '没有'를 첨가한다.

墙上挂着画没有?
벽에 그림이 걸려 있나요?

4) 지속상 표지 '着'와 시제

진행상과 마찬가지로 과거, 현재, 미래 모두 사용 가능하다.

① 과거 시제

昨天 我 去 找 她 的 时候, 她 正 打着 电话 呢。
어제 내가 그녀를 찾아갔을 때, 그녀는 막 전화를 걸고 있었다.

(X) 打着了电话。

② 미래 시제

明天 你再来 的 时候, 这儿一定 会 摆着 一套家具。
내일 네가 다시 올 때, 여기는 분명 가구 한 세트가 놓여져 있을 것이다.

5) 지속상 표지 '着'와 묘사 기능

她在那儿愉快地说着话呢。
그녀는 그곳에서 즐겁게 이야기하고 있다.

她得意扬扬地唱着哥儿呢。
그녀는 득의양양하게 노래하고 있다.

6) 진행형(正在 … 呢)와 '着' 병용

진행상과 지속상의 두 표지가 함께 쓰이기도 하는데 동작의 과정이 지속하는 경우에만 해당한다. 동작 종료 후의 결과의 지속은 '着'만 사용한다.

상적 의미	예시문
동작 과정 지속	她正在打着电话呢。(O) 她们正在谈着话呢。(O)
동작 결과 지속	桌子上正在摆着碗筷。(X)

2.3.5 완료상

1) 완료상의 개념

중국어에서 완료 실현을 나타내는 상표지는 '了'이다. 완료된 사건은 과거에 이미 발생하여 현재에 실현되어 있는 것이다.

我看今天的报。오늘 신문을 보았다.
你买了几本杂志? 넌 잡지 몇 권을 샀니?

2) 완료상의 시제

진행상 지속상과 마찬가지로 과거, 현재, 미래 시제에 상관없이 올 수 있다.

去年我去了一趟日本。작년에 나는 일본에 한 번 다녀온 적이 있다. [과거]
我现在有了公开宣传共产主义的权利！
나는 지금 공개적으로 공산주의를 선전할 권리를 가지게 되었다. [현재]
明天我看了电影就来找你。내일 나는 영화를 보고 나서 너를 찾아가겠다. [미래]

3) '了'의 첨가 여부

동작이 일정한 시간 일정한 과정을 거쳐 실현될 수 없다면 완료상 표지 '了'를 붙일 수 없다.

① '了'가 붙지 않는 상황

a. '常常', '每天', '经常' 등 습관적·항시적 의미에 '了'가 필요하지 않다.

以前他常常来看我。예전에 그는 항상 나를 보러 왔다.
去年她每天都打网球。작년에 그녀는 매일 테니스를 쳤다.
小时候他经常感冒。어렸을 적에 그는 늘상 감기에 걸렸다.

b. '了' 첨가 불가한 동사

가. 관계동사류 '是, 在, 像, 姓'
동사의 의미 안에 완료나 실현 의미를 담을 수 없다.

(X) 我是了科学家。
(X) 我像了我爸爸。

나. 심리 상태 동사: '想念, 盼望, 打算, 感觉'

我感觉很舒服。난 오늘은 매우 편안하다고 느낀다.
放假以后，我打算先到云南旅游。나는 방학한 후에 우선 운남으로 여행을 가 볼 생각이야.

다. 용언성 목적어를 취하는 술어동사: '问, 知道, 判断, 听说, 看见'

我就发现我很喜欢中国。나는 내가 중국을 아주 좋아하고 있음을 발견했다.

我听说他到上海去了。나는 그가 상해로 갔다고 들었다.

라. 겸어문 제1동사: '劝, 请, 骂, 派'

我劝他留在这里。나는 그를 여기에 남으라고 권했다.
他请求我原谅他。그는 내가 그를 용서해 주기를 청했다.
父母强迫我跟一个姑娘结婚。부모님은 내가 한 아가씨와 결혼하도록 강요했다.

마. 연동문[목적관계] 제1동사: '去, 来, 到, 想'

他去小卖部买酸奶。그는 매점에 가서 요거트를 사오라고 했다.
昨天晚上我朋友来看望我。어제 저녁에 내 친구가 나를 보러 왔다.
他们想办法解决这个问题。그들은 이 문제를 해결하고자 방법을 생각했다.

② '了'가 생략 가능한 상황

a. 연속적 동작; 동작의 연속성과 긴박함 표현

他站(了)起来开(了)门迎了出去。그는 일어나서 문을 열고 마중나갔다.
他披上(了)衣服拉开(了)门, 轻松地走了出去。그는 옷을 걸치고 문을 열어젖히고 가볍게 걸어나갔다.
他苦笑(了)一下, 轻轻地摇了摇头。그는 쓴웃음을 한 번 짓더니 가볍게 고개를 저었다.

b. 동사의 뒤 결과보어나 추향보어 : 보어 강조

看着这张照片, 我的思绪又回到(了)二十年前的今天。
이 사진을 보니 나의 생각이 20년 전 오늘로 다시 되돌아갔다.
她擦干(了)眼泪, 重新整理起他的遗物来。
그녀는 눈을 다 닦고 다시 그의 유물을 정리하기 시작했다.

c. 화자가 문장의 부사어 강조

上次他照顾我, 这次我照顾他, 我们俩互相照顾。
지난번 그가 나를 보살폈는데 이번엔 내가 그를 보살핀다. 우리는 서로 돌봐준다.

d. 주어가 3인칭

昨天他给我一本书, 那本书很有用。
어제 그가 내게 책 한 권을 주었는데 그 책은 아주 유용했다.

老师, 他骂我。
선생님, 쟤가 저를 욕해요(했어요).

e. 문장 끝에 어기조사 '了'가 있을 때 생략한다.

(X) 我吃了饭《= 我吃(了)饭了 =》我吃饭了

③ '了'를 반드시 사용해야 하는 상황

a. 동작이 완료 / 실현된 경우[대부분 구체적 시간 포함]

去年, 她荣获上海市中学生作文比赛第一名, 得了２０元奖金
작년에 그녀는 상해시 중고생작문대회에서 일등을 하여 20원의 상금을 받았다.
青年的优质服务, 也推动了公交系统的工作。
청년들의 우수한 서비스도 공공교통체계의 업무를 촉진시켰다.

b. 동작 완결 뒤 새로운 동작이나 상황 발생 [동작 선후 연결]

他先和机器人打了个招呼, 然后请我去见老杨。
그는 먼저 로봇과 인사를 나누고 나서 내가 라오양을 만나러 가도록 청하였다.
看了她的信, 我伤心得流下泪来。
그녀의 편지를 보고서 나는 속상해서 눈물을 흘렸다.

c. 조건 / 방식 / 원인하에서 모종의 결과 생성

在他的指挥下,交通危机很快排除了。그의 지휘 아래 교통위기는 아주 빨리 제거되었다.
经过研究,我们同意了你的方案。연구를 통해 우리는 당신의 방안에 동의했다.

4) 어기조사와 동태조사 동사 뒤의 '了'와 문장 끝의 '了'

동사 뒤에 '了'를 사용하고 문장의 말미에 다시 '了'를 추가할 수 있다. 문말에 오는 '了'는 어기조사의 기능을 가지고 현재 그러함, 인정의 느낌이나 어투를 전달한다. 특히 수식성분이 없는 원형목적어가 오는 경우에 동태조사 '了'로는 불가한 문장 종결의 기능을 가지고 있다.

我写了信，… 나는 편지를 다 썼는데. … ?? 그래서?
我吃了饭，… 나는 밥을 먹었는데. … ?? 그래서?

'了'를 동사 뒤 원형 목적어 앞에 쓰게 되면 끝나지 않고 후속 문장을 기다리게 된다. 다음과 같이 문미에 '了'을 써 주어야 문장을 종결지을 수 있다.

我买了词典了。
我写了信了。

어기조사 '了'가 출현하면 동태조사 '了'는 생략할 수 있다.

我写信了。
我吃饭了。

동사 바로 뒤의 '了'가 동작 과정의 실현된 모습을 보여준다면 문장 끝 어기조사 '了'는 문장 전체 사건이 현재 도달한 상태의 느낌을 전달한다. 둘을 하나로 봐야 할 경우도 있다.

他来了 。

형용사의 뒤에 오는 '了'는 형용사가 동작의 과정 자체가 없으므로 상태의 변화를 알려주는 현재상태로의 변화의 어감을 전달하는 어기조사 '了'이다.

天气冷了。
她今年十岁了。
他们找到工作了。

즉 지금까지 춥지 않은 상태에서 추운 상태로 10살이 아닌 상태에서 10살인 상태로 변화가 이루어졌음을 표현한다. 즉 여태까지 그렇지 않았던 것이 '그렇게 되었다'는 의미로 문장 끝에 놓는다.

5) 완료상의 의문과 부정

① 동태조사 '了'의 의문과 부정

가. 의문

'吗'의문문과 정반의문문의 사용

의문사 의문문	你看了几部电影？ 영화를 몇 편이나 봤니?
吗 의문문	你看了港台的电影吗? 홍콩대만 영화를 봤니?
정반의문문1	你看了港台的电影没有?
정반의문문2	你看没看港台的电影?

나. 부정

부정 형식은 '没有'를 사용하고 '了'는 제거한다.

我没(有)买杂志。나는 잡지를 사지 않았어.
我还没(有)看今天的报呢。나는 아직 오늘 신문을 보지 않았어. (미실현 = 않은 상태)

② 어기조사 '了'의 의문과 부정

'吗' 의문문&정반의문문을 사용한다. 정반의문문은 VP+没有？나 V没V？형식을 사용한다. 부정은 '没(有)'를 사용하고 문미의 '了'를 제거한다.

분류	형식	예문
吗의문문		你买收音机了吗?
정반의문문1	VP + 没有？	你买收音机了没有?
정반의문문2	V没V？	你买没买收音机?
부정형	了제거	他没(有)买收音机。

그러나, '没有'와 문미의 어기조사 '了'는 시간 어구를 통해 지속된 기간을 나타내는 문장 안에서는 공존할 수 있다.

好久没见了! 오래간만에 만났다.
两年没下雪了。이년 동안 눈이 내리지 않았다.

6) 완료 표지 어기조사 '了'와 진행-지속 표지 '呢' 비교

我吃了饭了。	밥을 먹은 행위의 완료 실현
他打了电话了。	전화건 행위의 완료 실현
他正在吃饭呢。	밥을 먹고 있는 행위의 지속
门开着呢。	열린 상태의 지속
他还没来呢。	미실현 상태의 지속

问&答

问 : 완료된 사건에 대하여 어기조사 '了' 만 문장 종료 기능을 가진 것인가?

答 : 아니다. 수량표현이 있거나 관형어와 같이 수식하는 성분이 중심 목적어 앞에 놓이게 되면 어기조사 '了'를 사용하지 않아도 문장을 종결시킬 수 있다.

我吃了两个面包。
我买了两本书。
我买了很多中文杂志。
他们参观了我们学校的图书馆。

또한 동태조사 '了'는 후속되는 문장이 있다면 후행 사건에 대해 먼저 완료될 사건으로 선행하는 동작을 의미한다.

我吃了饭，就去。
他换了衣服，就去上班了。

问&答

问 : 완료실현의 '了' 의 위치는 항상 동사 뒤인가?

答 : 그렇다. 다만 동사가 2이상 나오면 사용에 유의해야 한다.
즉 연동문에서 목적 관계가 있으면 반드시 제2동사 바로 뒤에 사용하여야 한다.
他来问了我一个问题。

동작의 논리적 선후 관계를 표시할 때 선행 동작의 완료를 전제하거나 조건화 시켜 준다.
我毕了业，就去中国。

동사의 중첩 시에는 제1동사 뒤에 쓴다.
他看了看表说 : "快迟到了！"

관형어 속에 쓰이면 완료의 '了' 는 생략한다.
我买的书 (O)　我买了的书 (X)
他说的话 (O)　他说了的话 (X)

2.3.6 경험상

1) 경험상의 의미와 호응 형식

경험상은 동작이 완료되고 난 뒤 일정한 시간이 지난 단계를 표현한다. 한국어로 '~한 적 있다'로 번역된다. 경험상을 표시하는 조사는 '过'이다.

他来过。그는 온 적이 있다
小李做过菜。샤오리는 요리를 한 적이 있다.

경험상 표시 조사 '过'는 부사 '曾经'과 호응한다.

她曾经来过这儿。그녀는 예전에 이곳에 온 적이 있다.

2) 경험상의 부정과 의문

① 부정

경험상의 부정은 '过'를 둔 채로 부정부사 '没有'로 부정하면 된다.

他没有来过。그는 온 적이 없다

과거 경험의 부정에는 부사 '从来'가 온다.

他从来没有来过。그는 여태까지 온 적이 없다.

问&答

问：'从来'는 부정의 문맥에서만 쓰이나요?

答：그렇습니다. 긍정에서는 '历来'나 '向来'를 써야 합니다. '向来'는 긍정부정 모두 가능합니다. '历来'는 긍정문에만 쓰입니다.

他历来很诚实。그는 지금껏 아주 성실하다.
他向来很诚实。(O) 他从来很诚实。(X)
他从来不糊涂。그는 지금껏 어리석지 않았다.
他向来不糊涂。(O) 他历来不糊涂。(X)

---

② 경험상의 의문

가. '吗'의문문

你吃过这种菜吗? 이 요리를 먹어 본 적이 있니?
你玩儿过

나. 정반의문문

문미에 '没有'를 붙이거나 상표지 조사 '过' 뒤에 '没'를 첨가하다.

你吃过这种菜没有?
你吃过没吃过这种菜?

4) 경험상과 연동문

목적관계 연동문에서 경험상 표지 '过'는 제2동사의 뒤에 온다.

我去公园做过操。 나는 공원에 가서 체조를 한 적이 있다.

제1동사가 제2동사의 방식일 때도 '过'는 제2동사의 뒤에 온다.

我坐飞机去过上海。 나는 비행기를 타고 상해를 다녀온 적이 있다.

5) 경험상과 동사의 중첩 형식

경험상 표지 '过'와 동사 중첩 형식은 함께 쓸 수 없다.

(X) 我吃过吃。 나는 좀 먹은 적이 있다. ⇒ 吃过一点儿。
(X) 我看过看。 나는 좀 본 적이 있다. ⇒ 看过一点儿。

6) 경험상과 빈도부사

경험상 표지 '过'와 반복적이고 습관적인 행위에 쓰이는 빈도부사 '常常, 经常' 등과는 함께 쓸 수 없다.

(X) 他常常去过中国。
(X) 我们经常游过泳。

7) 경험상과 '把'구문

'把'구문은 완료상 표지 '了'와는 동작의 완료 실현의 상황에 호응하여 함께 쓰이지만 동작이 실현과 시간적 거리를 두는 경험상 표지 조사 '过'는 불가하다.

(O) 我把门打开了。 나는 문을 열어 젖혔다.
(X) 我把门打开过。

8) 경험상과 인지 및 관계 동사

인지 동사 관계 동사는 경험상의 표현이 불가능하다.

(X) 我是过学生。
(X) 我知道过他来。

9) 경험상과 심리 활동 동사

심리활동 동사는 경험상으로 표현이 가능하다.

我爱过他。 나는 그를 사랑한 적이 있다.
他喜欢过我。 그는 나를 좋아한 적이 있다.

问&答

问: "吃过了午饭就走了."에서처럼 '过'가 완료상 표지 조사 '了'와 함께 쓰일 수도 있나요?

答: 문장 속의 '过'는 종결 의미를 지닌 결과보어로 쓰인 겁니다. 방향동사 '过'가 종결의 의미로 결과보어로 쓰인 겁니다. '完'과 같은 의미로 봐도 무방합니다.

A: 午饭, 你吃过了吗? 점심 드셨어요?
B: 还没有吃过呢。 아직이요.

2.3.7 임박상

현재의 시간이 미래의 기준시에 가까워짐을 나타낸다. 주로 '要~了', '快(要)~了', '就要~了' 형식이 주로 쓰인다.

1) 要~了

他要回来了。그는 곧 돌아올 것이다.
天要下雨了。곧 비가 오려 한다.

2) 快(要)~了

'快'는 시간의 촉박함을 나타내며 시간적인 의미를 지니고 있어 다른 구체적인 시간어구를 부사어로 사용할 수 없다.

(X) 明年他快要毕业了。
(X) 他三点快来了。
天快亮了。날이 곧 밝으려 한다.

시간어구가 주어가 되거나 술어가 되면 가능하다.

(O) 快八点了。
(O) 快立秋了。
(O) 春天快要到了。봄이 곧 오려 한다.
他快要毕业了。그는 곧 졸업을 하게 된다.
快(要)放暑假了。곧 여름방학을 하게 된다.

3) 就要 ~了

구체적인 시간을 부사어로 사용할 수 있다. '马上' 등을 함께 사용하여 시간적인 촉박함을 표현한다.

四年的大学生活就要结束了。4년간의 대학생활은 곧 끝날 거다.
火车马上就要开了。기차가 곧 출발한다.
天眼看就要黑了。하늘을 보아하니 곧 어두지겠다.
我们下星期就要考试了。우리들은 다음 주에 시험을 치른다.

4) 将(要)~了

문언체에선 '将'을 '就' 대신 사용한다.

他将要离开我们回国了。그는 우리를 떠나 곧 귀국한다.
庄稼将要成熟了。농작물이 곧 익을 거다.

5) 임박상의 부정

① '吗' 의문문

他们快要回来了吗？그들은 곧 돌아옵니까?
你们就要开学了吗？당신들은 곧 개학을 합니까?

② 의문에 대한 부정 대답

还没回来呢。아직 돌아오지 않습니다.
还没呢。아직 아니에요.

③ 관형어 위치에서의 임박상: 관형어 위치에서 '了' 사라짐

昨天我要出去玩儿∅的时候,我爸爸回来了。
어제 내가 놀러 가려고 했을 때 아버지가 돌아오셨다.
前天飞机要起飞∅的时候,忽然下雨了。
그저께 비행기가 이륙하려 하자, 갑자기 비가 내렸다.

2.3.8 기동상

기동상을 표현하는 수단은 복합방향동사 '起来'를 방향보어로 쓰는 것이다.[44] 이때의 '起来'의 의미는 이미 본 방향의 의미가 아니라 상표지로서 동작의 과정 중 시작의 의미를 보여준다.

大家都站起来了。모두 일어섰다.

---

44) 방향보어로서의 의미에 대하여는 III. 성분론 4장 보어편을 참조할 것

我一进门,他们就笑**起来**了。내가 문안으로 들어서자 그들은 웃기 시작했다.

2.3.9 계속상

계속상은 복합방향동사 '下去'를 동사 술어의 방향보어 형태로 표현하는데 일견 진행상이나 지속상과 유사하지만 진행상이나 지속상이 사건시와 참조시가 일치하는 국면이라면 계속상은 동작의 참조시가 사건시가 아니라 동작 시작 이후 지속적으로 경과하는 시간 국면을 표현한다.

我在传照片。나는 사진을 보내고 있다. [진행]
我穿着红色大衣。나는 붉은 색 외투를 입고 있다. [지속]
中国传统文化一代一代传下去。중국전통문화는 대대로 계속해서 전해진다. [계속]

思考与练习

1. 다음 괄호 안에 설명이 맞으면 'O'를, 틀리면 'X'를 넣으세요.

① 술어는 목적어에 대응하는 개념으로, 목적어에 대한 설명이나 묘사이다. (　　)

② 명사나 수량사가 술어로 쓰일 때는 시간, 범위, 빈도를 표시하는 일부 부사의 수식을 받을 수 있다. (　　)

③ 술어가 '계절, 날씨, 날짜, 시간, 국적, 나이, 가격, 용모' 등을 나타낼 때는 술어 자리에 명사가 올 수도 있다. (　　)

④ '是、在、叫、有' 등과 같은 판단이나 존재를 나타내는 동사는 진행을 표현하는 '着' 또는 '正在、在' 등과 함께 잘 쓰인다. (　　)

⑤ '过'는 경험과 완료를 나타내는 조사로만 쓰인다. (　　)

2. 다음 문장에서 술어문의 유형이 무엇인지 써 보세요.

① 马老师台湾人。➜ ______________________

② 这个商店近，那个商店远。➜ ______________________

③ 我不是学生。➜ ______________________

④ 这个电影我看过了。➜ ______________________

3. 다음 문장들이 해당하는 상을 적어 보세요.

① 现在这个时候，他正在工作！ 상 ________

② 去年我去了一趟日本。 상 ________

③ 他曾经来过这儿。 상 ________

④ 他要回来了。 상 ________

⑤ 大家都站起来了。 상 ________

⑥ 中国传统文化一代一代传下去。 상 ________

⑦ 她穿着红色衣服呢！ 상 ________

4. 다음 괄호 안에 알맞은 단어를 골라 넣어보세요.

① 你怎么又(__________)看电视呢? 〈正 / 在 / 着 / 呢〉

② 他们正在吃午饭(__________)。 〈正 / 在 / 着 / 呢〉

③ 爸爸(__________)在房间里看报纸。 〈正 / 在 / 着 / 呢〉

④ 妹妹穿(__________)一条红裤子。 〈正 / 在 / 着 / 呢〉

⑤ 今天早上,我去图书馆看(__________)三个小时书。 〈了 / 着 / 过〉

⑥ 学生们都在教室里等(__________)呢。 〈了 / 着 / 过〉

⑦ 我曾经去(__________)北京。 〈了 / 着 / 过〉

⑧ 小王以前没有学(__________)汉语。 〈了 / 着 / 过〉

⑨ 我们下星期(__________)考试了。 〈快要 / 就要〉

⑩ 我们打算继续研究(__________)。 〈起来 / 下去〉

5. 다음 문장에서 '着'가 표현하는 구체적 의미를 써 보세요.

① 妈妈在沙发上坐着看电视。➜ ______________________

② 哭着哭着，他睡着了。➜ ______________________

6. 다음 밑줄 친 부분의 품사와 문장성분을 적고, 차이점과 문장 해석을 써 보세요.

① 办公室就在楼下，很近。➜ ______________________

____

② 我在办公室工作。➜ ______________________

____

③ 我去他办公室的时候，
他在看电脑。➜ ______________________

____

7. 다음 단어들을 이용하여 적절한 표현이 되도록 만들어 보세요.

① 在, 做, 呢, 你, 什么

➜ ______________________

② 上午, 他们, 参观, 昨天, 美术馆, 了, 一家

➜ ______________________

③ 年轻, 他, 的, 时候, 在, 过, 曾经, 中国, 留, 学

➜

8. 다음 문장에서 틀린 부분을 지적하고, 틀린 이유를 설명해 보세요.

① 我们都在喜欢这儿的风景呢。

➜

② 我朋友来中国了, 上星期我去过看他

➜

③ 我们下午快要考试。

➜

参考资料

왕례량 2012『한국어와 중국어의 상 범주 대조 연구』, 신성출판사.

박귀진 2007『왜라는 문법에 속시원히 대답하는 중국어 문법책』, 시사중국어사.

김세희 2009《中國語 主謂謂語句와 韓國語 二重主語文 및 主題文의 對照 硏究》, 단국대학교 석사학위논문.

김종혁 2009〈중국어와 한국어의 시제/상 표지 대응관계 고찰〉, 중국학논총 제27집.

김홍실 2008〈한국어의 '-었-'과 중국어의 '了'의 대조 연구〉, 이중언어학 제38호.

남양우 2011《현대중국어 이중목적어 술어문형 연구 : '취득' 구문을 중심으로》, 한국외국어대학교 석사학위논문.

양경미 2004〈중국어 술어동사에 대응되는 한국어의 어미활용〉, Foreign languages education 제11호.

양단 2011《한 · 중 시간부사의 상적 특성에 대한 대조 연구》, 한양대학교 석사학위논문.

오려려 2011《한국어와 중국어의 과거 상황 표현 대조 연구》, 영남대학교 석사학위논문.

왕예량 2012《한국어와 중국어의 상 범주 대조 연구》, 연세대학교 박사학위논문.

이명정 2009〈語法化和類型學視角下的漢語完整体韓語過去時范疇〉, 중국문학 제60호.

이명정 2011《현대중국어 상 체계 분석》, 고려대학교 박사학위논문.

이철근, 손경옥, 방향 2000〈漢語和韓國語動詞定語時制的比較〉, 중국어문학, 제36호.

李铁根 1999《现代汉语时制研究》, 辽宁大学出版社.

조영화 2003《현대 한국어와 현대 중국어의 시상에 관한 대조 연구》, 상명대학교 석사학위논문.

최봉랑 2008〈중국어 동태조사 '着'의 한국어 표현에 대하여 : '고 있/ 어 있'을 중심으로〉, 중국어문학 제52호.

陈昌来 2000『现代汉语句子』, 华东师范大学出版社.

戴耀晶 1997《现代汉语时体系统研究〉, 杭州 : 浙江教育出版社.

戴耀晶 2001〈現代漢語時體標記 '了' 的語義分析〉, 中國文學 제35호.

李迎春 2006〈漢韓胃詞的時相分類及其對比〉, 중국어교육과연구 제3호.

权美兰 2011《韩汉表 "过去" 义时间指示对比》, 延边大学 硕士.

刘一 2011〈韩国语、汉语、英语的 "现在完成体" 特征对比简析〉, 海外英语 第14期.

孟劲飞 2013《韩国语语尾 "-았/었/였-" 的认知分析及在汉语中的对应研究》, 延边大学 硕士.

徐春兰 2013〈浅谈韩国语和汉语过去时制表达方式及其特点〉, 文学教育(中) 第12期.

张雪花 2012〈浅析韩汉过去时对比〉, 才智 第25期.

崔凤娘 2013〈汉语主谓谓语句与韩语相应句式的对比〉, 华文教学与研究 第03期.

崔仁淑 2013《韩汉英三种语言完成体对比研究》, 中央民族大学 博士.

3 관형어와 부사어

主要论点

관형어의 주요 기능과 결합 순서
'的'자 관형어 구문의 기능은 무엇인가
부사어의 주요 기능과 결합 순서
'地'자 부사어 구문의 기능은 무엇인가

중국어의 주요 문장성분 중 주어와 목적어, 술어 등의 일부로 와서 중심어를 앞에서 수식함으로써 의미를 한정하거나 묘사하는 기능을 하는 부가 성분으로 관형어(定语), 부사어(状语)가 있다.

관형어	(的)	체언성 중심어 (명사, 대명사, 수사 등)
부사어	(地)	용언성 중심어 (동사, 형용사 등)

3.1 관형어

직접 중심어를 수식하는 경우와 '的'자 구문을 이루는 경우가 있다.

3.1.1 무표지 관형어

관형어는 명사성 성분을 수식하는 성분이다. 문장에서 주어의 중심어와 목적어의 중심어를 수식하는 부가성분이다. 단음절 또는 이음절의 명사나 형용사, 구별사 등은 조사 '的'를 취하지 않고 올 수 있다. '的'가 없는 만큼 관형어와 중심어의 관계가 밀접하다. '的' 관형어보다는 상대적으로 본질적 속성이나 친밀한 관계를 보여준다.

好书	红苹果	好朋友	旧自行车
中国地图	中国老师	汉语词典	韩国学生
我爸爸	他们单位	我们工厂	他们单位

3.1.2 '的' 자 관형어

'的' 관형어 표지 조사 '的'를 사용하면 보다 다양한 의미관계를 형성한다.

형식	의미 관계	예시
NP 的 NP	소유 관계	我的书
AP 的 NP	속성/상태	很漂亮的衣服
VP 的 NP	종사 업무	送信的人 卖菜的青年
VP 的 NP	중심어 한정	昨天一起看的电影 学习汉语的目的
VP 的 NP	객체 중심어	讨论的问题
NP 的 VP	주체 관형어	感谢您的收看！
NP 的 VP	객체 관형어	祖国的建设

(편의상 명사성 어구를 NP, 동사성 어구를 VP, 형용사성 어구를 AP)

1) NP + 的 + NP

명사구를 세분화해서 그 기능과 '的'동반 여부를 살펴보면 아래의 표와 같다.

관형어 NP	의미 기능	'的'동반	예시: 의미상이
명사	소유/대비 속성/본질	O X	中国的老师 中国老师
인칭 대명사	소유 친족/소속단체	O X	你的雨伞 你的主张 我爸爸 我男朋友
지시 + (수) + 량사	지시	X	这个＋人 两本＋书

'的'를 취하는 것이 보다 느슨한 관계와 일시적인 관계를 의미하는 경향이 있으며 '的'

없이 관형어와 중심 명사구가 긴밀히 연결되면 보다 본질적이거나 고유한 속성을 나타낸다. 때로는 굳어져 한 어휘가 된다.

黑的本子 검정색 노트
黑板 칠판

2) AP + 的 + NP

성질 형용사가 관형어로 '的' 없이 쓰이면 사물의 속성을 서술하며 '的'의 사용으로 습관성 본질적 속성이란 의미가 약해지고 일시적이고 상태를 묘사는 기능을 갖는다. '的' 대동한 성질형용사의 복잡형이나 상태형용사는 상태를 묘사하거나 제한한다.

관형어 AP	의미 기능	'的' 동반	예시: 의미상이
성질형용사	속성 서술 습관 상용성 본성	O X	黑的鹅 검은 상태의 거위 黑鹅 검정 거위
상태형용사	상태묘사 지시한정	O (X)	高高儿的个子 상당히 큰 키 干干净净(的)一件衣服 아주 깨끗한 옷 한 벌
형용사술어문	상태기술	O	很高兴的样子 아주 기뻐하는 모양

3) VP(PP) + 的 + NP

동사구는 '的'의 동반이 필수적이다. 중심어인 명사구를 한정 수식한다. 일부 대상 표시 전치사구도 '的' 동반을 전제로 사용이 가능하다.

관형어 AP	의미 기능	'的' 동반	예시: 의미상이
동사(구) 전치사구	중심어 한정	O	生气的孩子 喜欢的朋友 对他们的關心 關于这个问题的研究
문장형식	중심어 한정	O	我们昨天看的电影 他们一起去玩儿的公园

4) NP + 的 + VP

때로는 명사구가 동사를 수식하는 형태로도 오는데 이때 관형어로 오는 명사구는 후생 동사구의 주체이거나 객체이다.

관형어 AP	의미 기능	'的' 동반	예시: 의미상이
NP 的 VP	주체 관형어	O	感谢您的收看！ 在他的帮助下
NP 的 VP	객체 관형어	O	祖国的建设 事情的理解

问&答

问 : 문장 끝의 '的'는 어기조사인가요? 아니면 관형어 구조조사 '的'의 중심어 생략 형태인가요?

答 : 특정한 지시물을 가리킨다면 문장 끝이라도 어기조사가 아니라 구조조사 '的'가 맞습니다.

我要黑的，不要白的。검정것을 원해요. 흰 것 말고. **구조조사**
我(是)走路去的。나는 걸어 간 거에요. **어기조사**

3.1.3 다층 관형어 분석

관형어는 제한성 관형어와 묘사성 관형어로 나뉘며 제한성을 앞에 두고 묘사성을 중심어 가까이에 둔다. 다음 표의 번호는 대체적인 결합순서이다.

1) 관형어의 의미유형

제한성 관형어	묘사성 관형어
① 소유관계, 명사, 대명사 ② 시간사, 장소구 ③ 지시대명사, 수량사 ④ 범위 제한을 나타내는 주술구, 동사구, 전치사구	① 주술구 ② 동사구, 전치사구 ③ 크기·신구·유래·색깔·모양·재료를 나타내는 형용사구 ④ '的'가 불필요한 형용사, 성질명사

2) 다항 관형어의 결합 순서

我们班	+	最漂亮	+	的	学生
제한성 관형어	+	묘사성 관형어	+		중심어

다항 관형어					+	중심어
①	②	③	④	⑤		
소유	시간 장소	지시사 수량사	주술구 동사구 전치사구 형용사구	〈성질.속성.상태〉 형용사 명사		명사
	在操场上		打蓝球的			学生
		两把	进口	大白铁		椅子
老王的		那三件				西服
	昨天		一起看的			电影
我	昨天上午收到的	两张	从美国寄来的			感谢信

3.2 부사어

3.2.1 부사어 표지 '地'의 출현

부사어는 용언성 중심어인 동사나 형용사 등에 수식하는 부가성분인 부사어가 직접 오거나 부사어 표지 '地'를 사용한다. 그밖에도 부사어가 되는 성분들은 체언성 어구나 형용사, 동사 등 다양하다. 표를 통해 전체적인 대강을 살펴보도록 한다.

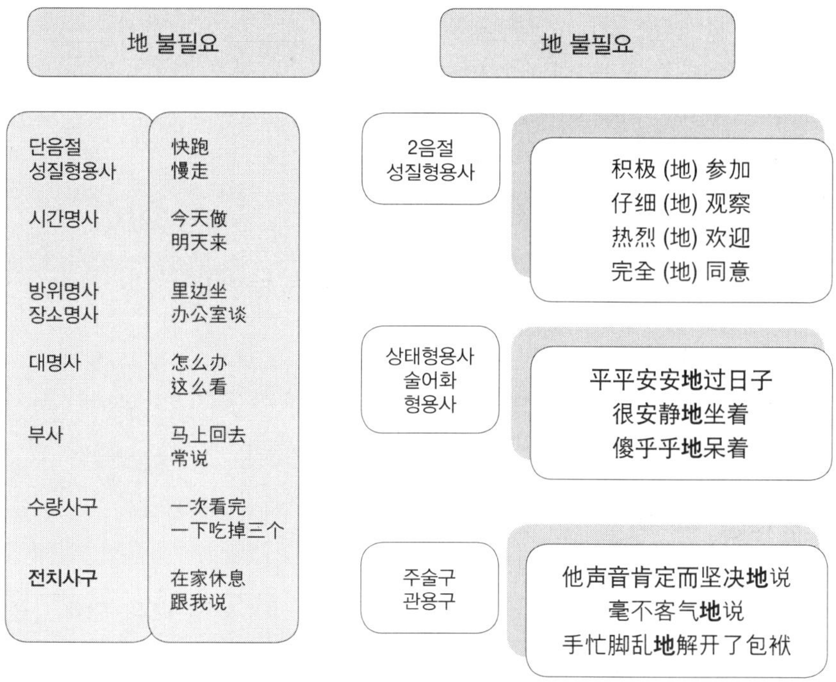

2음절 형용사는 묘사성을 강조하려면 '地'를 취하는데 상대적으로 자유롭다. 표에서 상태형용사나 주술구 관용구 등 2음절 이상의 동작 행위를 묘사하는 복잡한 형식은 '地'를 취하고 동작을 제한하는 부사어들은 대체로 '地'를 취하지 않는다고 볼 수 있다.

3.2.2 제한성 부사어

동작행위의 시간, 장소, 정도, 범위, 부정 등을 제한하는 부사어이다. 부사나 전치사구, 수량사구 등이 온다.

我马上就走。시간
나는 곧 갑니다.

他在餐厅里陪客人吃饭。장소
그는 식당에서 손님을 모시고 밥을 먹는다.

这孩子很有教养，对客人很有礼貌。정도/대상
이 아이는 아주 교양이 넘치고 손님에게도 예의바르다.

同学们都到齐了，只差小李一个人。범위
친구들이 모두 다 모였는데 샤오리 한 사람만 없다.

我的确不饿，你自己吃吧。어기/부정
나 분명 배고프지 않아. 너 혼자 먹어.

단음절 성질 형용사도 동작의 행위를 제한하는 기능을 가진다.

他只是傻笑着，一句话也不说。그는 바보같이 웃기만 할 뿐, 한 마디도 말하지 않았다.
快说说吧，别让大伙着急了。빨리 좀 말해봐, 모두를 초조하게 만들지 말고 말이야.

3.2.3 묘사성 부사어

절대적인 강제성은 없지만 묘사성 부사어는 주로 부사어 표지 '地'와 함께 사용하여 그 묘사성을 부각하고 강화시킨다.

1) 의무적 사용

① 동작자 묘사

이음절 형용사가 동작자를 묘사할 때는 일반적으로 "地"를 붙인다.

老师激动地流下了热泪。선생님은 감정에 북받쳐 눈물을 흘렸다.
爷爷满意地点点头。할아버지는 만족스러운 듯 고개를 끄덕였다.

他清楚地写下了自己的名字。그는 분명하게 자신의 이름을 썼다.
她总是那么满腔热情地为顾客服务。그녀는 늘 그렇게 열정 가득히 손님에게 서비스한다.

② 복잡 구조 동작 행위 묘사

후생 동사 술어와 긴밀히 관련되어 동작 행위를 묘사할 때 2음절 형용사는 '地'의 생략이 가능하다.

大家把教室彻底(地)打扫了一遍。모두가 교실을 철저히 한 번 청소했다.
她把信仔细(地)读了一遍。그녀는 편지를 자세하게 한 번 훑어봤다.

3음절 이상의 복잡한 구조에서는 동작 행위의 묘사라도 일반적으로 '地'를 붙여준다.

从此,他更加刻苦地钻研起来。이때부터 그는 더욱 각고의 노력으로 연구하기 시작했다.
他们有针对性地提出了几个问题。그는 정곡을 찌르는 몇 가지 문제를 제기했다.
这些任务历史性地落在了你们肩上。이 몇 가지 임무가 역사적으로 여러분들의 어깨에 맡겨졌다.

③ 수의적 사용

동작/변화 묘사하는 경우 강조 여부에 따라 선택적으로 사용할 수도 있다. 2음절 형용사의 경우 사용이 상대적으로 자유롭다.

她又把信仔细(地)看了一遍。그녀는 다시 편지를 자세하게 한 번 훑어봤다.
我们着重(地)谈谈这个问题。우리 이 문제를 중점적으로 이야기 좀 합시다.
她轻轻(地)答到 : "好的。" 그녀는 살며시 대답했다.
她一遍遍(地)嘱咐我 : "千万别忘了。" 그녀는 한 번이고 두 번이고 계속 내게 당부했다.

3.2.4 다층 부사어 분석

1) 다항 부사어의 배열 원리

① 병렬 관계 부사어

배열이 비교적 자유로우며 논리적으로 우선하거나 습관적으로 순서가 고정된다.

这样做对集体、对个人都有一定的好处。
이렇게 하면 집단에게도 개인에게도 어느 정도 좋은 점이 있다.

她认真负责地管理着这个资料室。
그녀는 성실히 책임지겠다는 태도로 이 자료실을 관리하고 있다.

병렬된 마지막 부사어에 "地"를 써준다. 강조를 한다면 모두 "地"를 사용한다.

她热情、天真、好奇地问这问那。
그녀는 열정적으로 천진스럽게 호기심 많게 이것 저것 물었다.

她热情地、天真地、好奇地问这问那。

② 계층 관계 부사어

동작의 배경을 앞에 동작 행위와 더 본질적인 상태를 뒤에 위치시킨다.

他终于又一次登上了冠军的宝座。그는 마침내 다시 한 번 우승의 왕좌에 올랐다.
他很流利地用汉语说出了这句话。그는 아주 유창하게 중국어로 이 말을 해냈다.

2) 다항 부사어의 의미유형

제한성 부사어가 앞에 묘사성 부사어가 동사와 가까이 위치하며 다음과 같이 번호별 순위대로 오는 것이 일반적이다.

제한성 부사어	묘사성 부사어
① 시간·장소를 나타내는 명사, 부사(구) ② 어기·정도·범위·부정 등을 나타내는 부사 ③ 원인·목적·근거·관련 등을 나타내는 전치사구 ④ 공간·방향·노선 등을 나타내는 전치사구	① 동작자의 표정·자세·심리 등을 묘사하는 형용사(구), 동사(구), 주술구, 관용구 ② 동작·행위·상태를 묘사하는 형용사구, 동사구, 관용구, 수량구

3) 다항 부사어의 결합 순서

제한성 부사어가 묘사성 부사어보다 앞에 위치하며 제한성, 묘사성 부사어 각각의 내부 결합 순서에 따라 어순이 결정된다.

在家里	+	愉快	+	地	过了暑假
제한성 부사어	+	묘사성 부사어	+		중심어

다항 부사어							+	중심어
①	②	③	④	⑤	⑥	⑦		
시간	어기 관련 빈도 범위	동작자의 상태 묘사	목적 관련 원인 근거	장소 공간 노선 방향	把·被·叫·让 대상	동작·행위·상태 묘사		
					给我	乖乖地		在这儿
今天				在学校	把所有作业			都做完了
	都		按照计划					办事
	就	舒舒服服地		在家里				休息了
		高兴地				大声		告诉我
每天			用英语			跟同事		说话

思考与练习

1. 다음 관형어나 부사어의 구성이 맞으면 'O'를, 틀리면 'X'를 넣으세요.

① 坐汽车要花非常长时间。(　　)

② 我最喜欢地方是我的房间。(　　)

③ 爸爸的书桌也是我作业的地方。(　　)

④ 百分之八十同学住在学校里的宿舍。(　　)

⑤ 天气热时候我就到海边去游泳。(　　)

⑥ 我默默和爷爷一起坐着看电视。(　　)

⑦ 我深深地爱上了中国。(　　)

⑧ 这次考试很重要，一定要认真复习。(　　)

2. 다음 단어들을 적절한 위치에 넣어 보세요.

① 经过了(A)几年(B)努力，她终于(C)完成了毕业论文。 〈的〉

② 上(A)次跟我(B)吵架(C)那个人就是小李。 〈的〉

③ 他(A)心理有(B)说不出来的(C)感觉。 〈一种〉

④ 妈妈(A)需要(B)看报纸时(C)戴的眼镜。 〈一副〉

⑤ 我高兴(A)给他(B)打了(C)一个电话。 〈地〉

⑥ 老师忽然(A)着急(B)对我们(C)说："快点儿"。 〈地〉

⑦ 这种(A)事情不能(B)随便(C)说。 〈乱〉

⑧ (A)他(B)不太(C)严格。 〈对我〉

⑨ 我今天(A)在学校(B)把作业(C)做完了。 〈都〉

⑩ 我跟女朋友(A)去(B)商店(C)买几件衣服。 〈一起〉

3. 다음 '的'의 앞뒤에 놓인 어구의 관계와 해석을 써 보세요.

① 我**的**辞典 ➜ ______

② 白色**的**家具 ➜ ______

③ 进来**的**客人 ➜ ______

4. 다음 문장을 해석해 보세요.

① 他大概只吃了一块儿面包。

➜ ______

② 妈妈曾经反复告诉过我。

➜ ______

③ 我们一般早上八点开始上课。

➜ ______

5. 다음 的의 쓰임이 가장 다른 것을 찾아보세요. ………………………… (   )

① 我的书　② 祖国的建设
③ 学雷锋的口号　④ 外边黑洞洞的　⑤ 讨论的问题

6. '韩国是**中国的朋友**'와 '我有一个**中国朋友**'의 차이점과 문장 해석을 써 보세요.

➜ ______________________________

____

7. '**有点儿**冷'와 '**冷一点儿**'의 차이점과 문장 해석을 써 보세요.

➜ ______________________________

____

8. 다음 단어들을 이용하여 적절한 표현이 되도록 만들어 보세요.

① 汉语, 图书馆, 同学们, 在, 学习

➜ ______________________________

② 小王, 高兴, 不, 走, 地, 了

➜ ______________________________

③ 最近, 他们, 俩, 见面, 很, 少

➜ ______________________________

9. 다음 문장에서 틀린 부분을 지적하고, 틀린 이유를 설명해 보세요.

① 这两本的书我已经都看过了。

➜

② 我们的口语的老师是英国人。

➜

③ 你昨天买那条新裤子在哪儿呢?

➜

10. 다음 단어들을 조합하여 적절한 표현이 되도록 하시오.

① 电视机, 国产, 大屏幕, 彩色, 立体声

➜

② 他, 味道, 一股, 有, 说不出来的, 痛苦的

➜

③ 书店, 来, 时常, 最近, 这个青年

➜ ______________________________

④ 从前, 到底, 你们, 生活了, 多久, 一起, 共同

➜ ______________________________

参考资料

李杰 2008『现代汉语状语的多角度研究』, 上海三联书店.

李晋霞 2008『现代汉语现代汉语定语的语序认知研究动词直接做定语研究』, 商务印书馆.

潘国英 2010『汉语状语语序研究及其类型学意义』, 中国社会科学出版社.

张敏 1998『认知语言学与汉语名词短语』,中国社会科学出版社,

朱德熙 1984『定语和状语』, 上海教育出版社.

崔应坚 2002『现代汉语定语的语序认知研究』, 中国社会科学出版社.

何洪峰 2012『汉语方式状语』, 中国社会科学出版社.

김매 2014《한 · 중 부사어의 대조 연구》, 창원대학교 석사학위논문.

김종호 2001〈'的'자구의 의미 해석에 대하여 - 한 · 중 대비를 중심으로〉, 중국어문학논집 제17호.

박정실 2009《한국어와 중국어의 용언 부사어 대조 연구》, 원광대학교 석사학위논문.

범려나 2012《한중 부사어 어순 대비 연구》, 연변대학교 석사학위논문.

서월아 2011《영어, 중국어, 그리고 한국어 부사어 비교연구》, 조선대학교 석사학위논문.

孫昆 2005《'관형형+것'에 대한 한 · 중 대조 연구 -한국어 '관형형+것'과 중국어 '的'자구를 중심으로》, 전북대학교 석사학위논문.

안연령 2011《한 · 중 관형어의 대비 연구》, 충남대학교 석사학위논문.

유경옥 2010《한국어와 중국어의 부사어 대비 연구》, 충남대학교 석사학위논문.

이영희 2013〈韩汉名词修饰语标记对比研究〉, 중국언어연구 제46호.

이은경 2013〈한국어와의 대조를 통해 본 중국어 'NP+的+VP'구조의 의미 기능〉, 중국학연구 제63집.

郑仁淑 1997《状语问题研究》, 上海师范大学 博士.

정현애 2011〈현대중국어 관형어와 구조조사 '적(的)'의 기능〉, 東洋學 제49호.

진다위 2011《한 · 중 부사어 비교연구》, 경희대학교 석사학위논문.

郭洪洲 2013〈中韩定语对比〉, 青年文学家 第16期.

刘君 2012《韩汉语定语的对比研究》, 青岛大学 硕士.

刘莹 2013《韩汉多项状语语序对比研究》, 大连外国语大学 硕士.

范丽娜 2012《韩中状语语序对比研究》, 延边大学 硕士.

王敏凤 2006《韩国留学生二项定语习得考察》, 北京语言大学 硕士.

张慧贞 2012《韩汉多层状语连用语序对比》, 延边大学 博士.

崔美敬 2009《韩汉定语对比以及韩国学生的汉语定语的偏误分析》, 上海师范大学 硕士.

4 보어

主要论点

중국어 보어를 분류해보고 각각의 보어별 기능과 특성을 파악해 보자.
보어의 파생의미를 살펴보고 원 의미와의 관련성을 찾아보자.

4.1 보어의 기본 개념

중국어의 동사 술어를 수식하는 부가성분으로 동사 술어의 뒤에서 보충하는 성분이 보어(补语)이다. 동사 술어의 앞에서 수식하는 부사어와 달리 술어의 뒤에 오므로 동작보다 논리적으로 시간적으로 선행하지 않는다.[45] 동사 뒤에서 말하기를 통해 주관적 객관적 결과를 설명하는 성분이다.

4.1.1 보어의 분류

정도보어는 존재하는 양태에 대한 정도를 표현하고 양태보어는 발생한 사건에 대한 평가나 습관적 누적된 행위에 대한 태도를 표명하는 경우가 많다. 결과보어는 동작의 과정 후 결과를 보여주며 방향보어 또한 동작의 움직임이 특정 방향으로 실현되었음을 보여준다. 가능보어는 주로 부정형으로 쓰이며 동작의 실행의 결과가 가능한지 여부를 표현한다. 수량보어는 보어 중 유일하게 체언성 어구가 오며 동작의 횟수, 지속된 시간이나 종료된 시간, 비교대상 간의 차이를 보여준다.

45) 戴浩一(1985)에 의하면 중국어 문장에서 어구의 배열은 사건의 시간적 선후에 따라 정해진다는 것이다. 박종한 외(2013:322)에서 재인용함
시간순서원리(The principle of temporal sequence)
통사단위 두 개의 상대적인 순서는 그들이 나타내는 인지 범위 내 상태의 시간적 순서에 의해 결정된다.

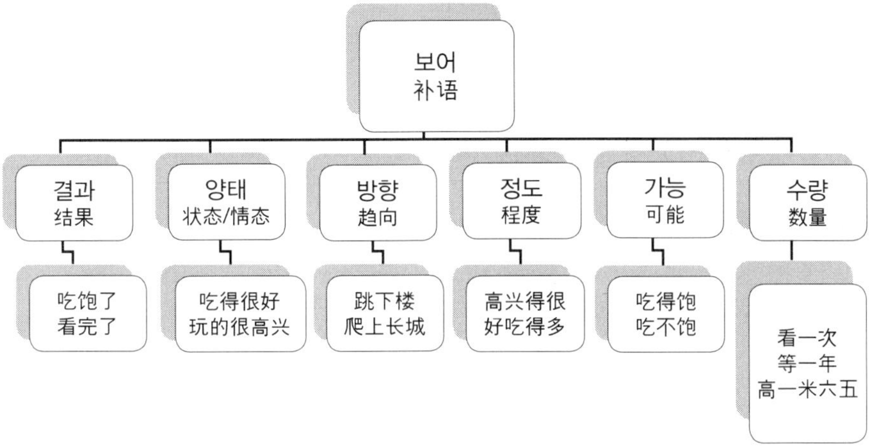

4.1.2 보어 별 의미와 구성

종류	의미	구성	특이점	예시
정도보어	정도심화	V/A + 得 + C V/A + C + 了	부사도 보어 가능	好得很 疼得要命 好极了 累死了
양태보어	동작 후 상태 & 평가	V/A + 得 + C 형용사(구) 동사(구) 주술구	일시적 행위 반복된 행위 객관적 평가	今天吃得很饱。 他跑得很快 大家看得非常开心。
결과보어	동작/행위 결과 묘사	동사 형용사	得없는 긴밀한 결합	我们已经做好了。 衣服洗干净了。
방향보어	동작행위방향 (일종 결과)	방향 동사	상표지로 활용 기동상 계속상	他进来，我出去。 我们都笑起来了。 冷下去
가능보어	동작 가능	방향동사 동사/형용사	주로 부정형/의문형	他已经走不动了。 这部电影，我看不懂。
수량보어	동량 횟수 시량 시간 차량 차이	수량사 명사성 구	목적어 앞 위치 대명사 뒤 위치 동작 지속 시간 동작 종료 후 시간	学了三年汉语。 见过他一次。 他休息了一天。 她毕业三年了。 我比她大六岁。

4.2 양태보어

4.2.1 양태보어의 구성

1) 일반적인 위치

보어의 일반적인 위치는 양태보어로 예를 들면 다음과 같다.

문장

주어	동사술어	得	보어

他跑得很快

주어	동사술어	목적어	동사술어	得	보어

他 说 汉语 说得很好。

보어는 항상 술어의 뒤에 오며 목적어 출현 시에는 목적어와 직접 연결되지 않음을 알 수 있다.[46)]

2) 목적어 위치의 변환

① 동사 술어의 반복

목적어와 함께 양태보어가 출현하면 목적어의 앞, 보어표지 '得' 앞에 동사를 반복해서 사용한다.

他说汉语说得很流利。 그는 중국어를 아주 유창하게 한다.

---

46) 중국어에서는 문장의 후미에 오는 성분은 새로운 내용을 담고 있는 경우가 많다. 목적어와 보어는 모두 새로이 정보를 전달하는 성분이므로 상호 간격을 두고 발화하는 경향이 있다고 볼 수 있다.

他跑一百米跑得很快。그는 백미터를 아주 빨리 뛴다.
他写字写得很好。그는 글자를 아주 잘 쓴다.

(X) 他 说得 汉语 很 流利。
(X) 他 说 汉语 得 很 流利。
(X) 他 写 字 得 很 好。

② 동사 반복문에서 제일 동사의 생략

앞의 동사는 자주 생략한다. 이때 생략된 동사로 인해 홀로 남은 목적어는 화제가 되어 주술술어문의 소주어가 된다.

他字写得很好。그는 글자는 아주 잘 쓴다.
他汉语说得很流利。그는 중국어를 아주 유창하게 한다.
他一百米跑得很快。그는 백미터를 아주 빨리 뛴다.

③ 대주어로의 인상

때로는 목적어를 문두에 위치시켜 대주어를 만들기도 한다.

字他写得很好。글자는 그는 아주 잘 쓴다.
汉语他说得很流利。중국어는 그가 아주 유창하게 말해
一百米他跑得很快。백미터는 그가 아주 빨라.

이야기의 제일 큰 중심 대상을 주체로 할지 객체로 할지에 따라 원래 목적어였던 성분이 대주어나 소주어로 자리를 옮겨 가는 것이다. 대주어로 옮겨가면 제일 화제이고 소주어로 옮겨가면 제이 화제이다.

④ 양태보어와 간접목적어

간접목적어가 출현하면 동사중복문의 제일 동사를 생략하지 못한다.

他教我们教得很细。그는 매우 자세하게 가르쳐 준다.
(X) 他我们教得很细。

4.2.2 양태보어의 의미

1) 완료된 상태에 대한 평가

양태보어는 이미 실현 완료된 사건의 상태를 기술한다.

今天吃得很饱。 오늘 아주 배불리 먹었다.
大家看得非常开心。 모두 보고는 대단히 즐거웠다.

2) 반복된 습관적 행위에 대한 평가

他跑得很快。 그는 아주 빨리 뛴다.
他汉语说得很流利。 그는 중국어를 아주 유창하게 말한다.

윗 문장들은 각각 양태보어를 사용하여 밥을 먹고 나서 식사에 대한 평가를 내렸으며 그의 뛰는 모습을 여러번 보고서 그의 뛰는 동작에 대한 평가를 하고 있으며 보고 난 뒤에 일어난 즐거운 상태를 설명하고 있다.

4.2.3 양태보어의 수식과 부정

1) 부사의 수식

범위부사나 시간부사 '都, 已经' 등은 'V得' 앞에 위치한다. 이를 통해 서술의 중심은 제일 동사가 아니라 제이 동사에 있음을 짐작해 볼 수 있다.

他们说汉语都说得不错。 그들은 중국어는 다 괜찮게 말한다.
他念课本已经念得很好。 그는 본문은 이미 아주 잘 읽었다.

직접 보어가 부사의 수식을 받을 수도 있다.

大家过得都好。 모두 다 잘 지내.
我们考得都不错。 우리 시험은 다 괜찮아(괜찮게 봤어).

2) 부정

부정은 '不'로 보어를 직접 부정한다. 의미중점은 양태보어에 있다.

写得不清楚。쓴 게 불분명하다.
打扫得不干净。청소한 게 깨끗하지 않다.

3) 의문

① '吗' 의문문

他跑得快吗? 그는 뛰는 게 빠르니? ⇒ 빨리 뛰니?
他写得好吗？ 그는 쓰는 게 괜찮니? ⇒ 잘 쓰니?

② 정반의문문

보어 부분을 반복한다.

他跑得快不快? 그 사람 달리는게 빠르니 안 빠르니?
你们过得快乐不快乐？ 그 사람들 지내는게 즐겁니 안 즐겁니?

③ 의문사 의문문

她说得怎么样? 말하는게 어때?
你听得怎么样? 들어보니 어때?

4.2.4 형용사 + '得' + 양태보어

형용사가 표현하는 상태의 정도가 어떠한지를 비유적으로 표현한다.

我们高兴得跳起来。우리는 뛸 듯이 기뻤다.
我着急得坐立不安. 나는 조급해서 좌불안석이었다.

4.2.5 양태보어와 부사어 비교

양태보어로 온 형용사의 의미는 부사어로 올 때와 다른 의미를 가진다.

양태보어	부사어
관찰 결과 평가	방식 표현
이미 실현	미실현
吃得很多 跑得很快 吃得很慢 睡得很好	多吃！ 快跑！ 慢慢地吃吧！ 好好儿睡！

4.3 정도보어

정도의 심화를 나타내는 정도보어는 크게 두 가지 형식으로 존재한다.

4.3.1 '得'자 정도보어

형식 : V/A + 得 + C

我 + 高兴得 + 很。나는 기쁘다 + 아주
我 + 渴得 + 很。나는 목마르다 + 아주

이 형식에는 주로 '多', '慌 (huāng)', '不得了 bùdeliǎo', '了不得 liǎobude', '要命 yàomìng', '要死 yàosǐ', '不行 bùxíng', '厉害 lìhai' 등이 쓰이며 「대단히~하다」「지독하게」 등 정도 심화를 표시한다.

他急得不得了。그는 대단히 마음이 조급하다.
疼得慌。몹시 아프다. / 累得慌。몹시 피곤하다. / 闷得慌。몹시 답답하다.
这几天热得要命了。요 며칠 더워서 미칠 지경이다.
有了电话，方便得多了。전화가 생긴다면 훨씬 편리해질거야.

4.3.2 어기조사 '了'결합형 정도보어

형식: V/A + C + 了

어기조사 '了'를 대동하고 '极 jí', '坏 huài', '死 sǐ', '透 tòu' 등의 단어들이 정도 심화를 표시한다.

我们高兴极了! 우리 너무 기쁘다.
累死了! 피곤해 죽겠다.
昨天暖和, 今天冷多了。어제는 따뜻했는데 오늘은 훨씬 춥다.
差远了。한참 모자란다.

1) 정도보어와 결과보어의 비교

원래 결과보어로 쓰인 어구가 과장된 표현의 일환으로 정도의 심화를 표시한다. 본래의 결과보어의 의미로 해석할지 정도보어의 의미로 해석할지는 상황별로 판단한다.

정도보어 今天我气坏了。오늘 나는 몹시 화났다.
결과보어 玩坏了。놀다가 망가졌다. / 搞坏了。만지다가 망가졌다.

정도보어 这个人坏透了。이 사람 아주 나쁘다. / 恨透了! 몹시 원망스럽다
결과보어 看透了我的心。나의 마음을 꿰뚫어 보았다.
我的衣服叫雨淋透了。내 옷이 비에 완전히 젖어 버렸다.

4.4 결과보어

4.4.1 결과보어의 의미

중국어의 동사는 동사 자체가 결과를 포함할 수 없어서 결과보어를 통해 동작의 종료 후 달성된 결과를 표현한다. 별도의 결과보어가 없으면 동작의 결과를 보장하지 못한다.

找了半天, 没找着。한참을 찾았는데, 못 찾았(찾아냈)다.

小王去救他，却没救活。샤오왕이 가서 구했는데 구해내지 못했다.

특별히 달성된 결과가 없으면 결과보어 '完' 등을 써서 종료만을 나타낸다.

这碗米饭，已经吃完了。이 쌀밥 한 공기를 이미 다 먹었다.

먹는 행위를 단순히 종료했다는 의미이다. 물론 경우에 따라 공기에 있는 밥을 다 비웠다는 의미를 가질 수도 있다.[47]

동작의 종료 후 좋은 방향으로의 처리가 예상되는 동사들은 '好'를 써서 표현한다.

他们已经吃完了。그들은 이미 밥을 다 먹었다.
他们已经吃好了。그들은 이미 밥을 다 (잘) 먹었다.

잘 먹은 상태를 기대하기에 완료의 의미와 더불어 먹은 뒤 좋은 상태임을 표현하기 위해서 결과보어 '好' 를 사용하였다.

대부분의 결과보어는 자체의 어휘적 의미와 관련하여 구체적인 결과를 보여준다. 이에 대해서는 다음 장절에서 하나씩 살펴보기로 한다.

4.4.2. 상용 결과 보어의 운용과 의미

1) 결과보어의 의미유형 별 결합동사

의미유형	결과보어	상용 결합 동사
생성	成/到	编 变 翻译 改 换 造；看说 学习 开 来 买 跑 碰 骑 运 找 追 遇
획득	着/到	钓 买 摸 睡 找 抓 捉
종점	在	放 挂 画 记 躺 贴 写 站 住 坐
수혜	给	传 还 寄 交 借 留 卖 送 递 租
인지1	懂	听 看 讲 弄 搞 抠[kōu]

47) 어구가 두 가지 이상의 해석을 가지는 것을 중의(歧义)라고 한다.

인지2	清楚	讲 解释 看 念 说 听 问 写
감각	见	看 碰 听 闻
종료	完	吃 读 翻译 喝 看 买 卖 念 谈 听 洗 写 用 作 准备
긍정	好	安排 翻译 放 挂 關 录 睡 学 站 做 坐 收拾 准备 商量
분리	开	搬 打 翻 拿 开 推
이탈	走	搬 带 飞 借
판별	错/对	翻译 分析 回答 念 算 说 写 做
습관	惯	唱 吃 穿 看 说 听 写 用 住
제거	光	吃 丢 喝 花 卖 忘 用 走

2) 개별 결과보어의 활용 예문

① 成 : 변화

树叶都变成红的了。나뭇잎이 붉게 변했다.

② 会 : 능력/습득

明明学会骑自行车了。밍밍은 자전거를 배워서 탈 수 있게 되었다.

③ 到 : 종점 & 목적 달성

我们学到第五课了。우리는 5과까지 배웠다.
我还没买到那本小说。그는 아직 그 소설책을 사지 못했다.

④ 在 : 종점

张大爷住在楼上。장삼촌은 위층에 산다.

⑤ 懂 : 이해

我听懂了老师讲的话。나는 선생님께서 하신 말씀을 듣고 이해했다.

⑥ 给 : 수혜자

我前几天寄给你的信，你收到了吗？ 내가 며칠 전 네게 보낸 편지는 받았니?

⑦ 见 : 감지대상

孩子们看见我来了，都非常高兴。아이들은 내가 오는 걸 보자 모두 아주 기뻐했다.
听见有人喊："着火啦！" 누군가 외치는 소리를 들었다. : "불이야."

⑧ 着 : 목적달성

孩子们丢的东西都找着了。아이들이 잃어버린 물건을 모두 찾았다.

⑨ 开 : 분리

他们俩分开了。그들 둘은 헤어졌다.

⑩ 完 : 종료

咱们吃完饭再去也不晚。우리 밥 다 먹고가도 늦지 않는다.

⑪ 走 : 이탈

蝴蝶都飞走了。나비가 날아가 버렸다.

⑫ 住 : 고정

这些汉字，你们都记住了吗？이 한자들을 그들은 기억하고 있을까?

4.4.3 결과보어의 의미상 주술 관계

1) 목적어 대동 결과보어 구문의 구성

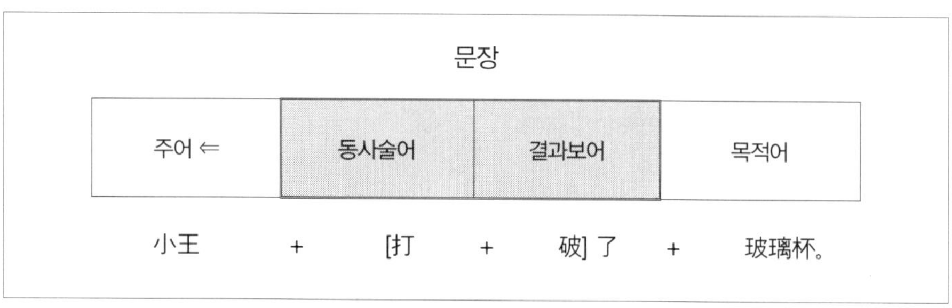

2) 의미상 주술관계

목적어를 대동한 결과보어 구문에서 동사 술어는 주어와 주술관계를 맺지만 결과보어는 목적어와 의미상의 주술 관계를 맺을 수 있다.
즉 위의 문장에서 '打'의 주체는 샤오왕이지만 '破'의 주체는 유리컵이다.

4.4.4 결과보어 구문의 특성

1) 동사 술어와 결과보어의 구조적 응집성

동사와 결과보어의 사이에는 상표지 조사 '了'나 '过' 등이 올 수 없다.

[[[동사 + 결과보어] + 了/过/] + 목적어]

[[[看完]了] 那 本 书]
[[[写错]过] 这 个 字]

2) 지속상 표지 조사 '着'

완료실현의 결과 표현이므로 지속상 표지 조사 '着'를 사용하지 않는다.

(X) 看着完 学着会
(X) 吃着好 听着懂

3) 가능보어 표지 조사 '得'

가능보어 표지 조사 '得'의 삽입은 가능하다. 결과의 실현 여부에 대한 가능성을 나타낸다.

看得完/看不完

4) 부정

① 부정부사 '没(有)' 사용

'~한 결과가 나오지 않았다'라는 미실현을 의미한다.

你的话，我没听清楚。나는 네 말을 제대로 못 들었어.
我还没准备好，他却来了。내가 아직 준비도 다 안 되었는데 그 사람이 왔어.

② '还没~呢' 형식

이루어지지 않은 채 여전히 지속되는 결과의 미실현 상황을 표현한다.

我带着的馒头，还没吃完呢。내가 가지고 있는 만두를 아직 다 먹지 못했어.
我还没有讲完呢！ 내 얘기 아직 다 안 끝났어.

③ '不' 부정

조건문에서는 '不'부정을 할 수 있다.

你不说清楚，我们就不能帮助你。
네가 분명히 말해 주지 않으면 우리는 너를 도와줄 수가 없어.
作业不做完就不能出去玩儿。숙제를 다 하지 않으면 나가 놀 수 없어.

5) 의문문의 구성

① '吗' 의문문

东西都买到了吗？물건은 다 샀니?
你记住了吗？너 기억했지?

② 정반의문문

결과보어 동사구 뒤에 '没有'를 첨가하면 된다.

你记住了没有？너 기억했니 안 했니?
你买到那本词典了没有？너 그 사전을 샀어 안 샀어(사서 구해 놨어, 안 놨어)?

4.5 방향보어

4.5.1 방향보어의 개념과 생성

방향보어는 동사 술어의 뒤에 와서 동작 행위의 결과가 어떤 방향을 향하는 것을 표현한다. 단독으로 쓰이는 일음절의 단순방향보어와 단순방향보어를 조합하여 만든 이음절의 복합방향보어가 있다.

복합방향보어 구성표
총 25개 방향보어[단순1형=2 단순2형=8 복합형=15]

단순2 / 단순1	오르다 上	내리다 下	들다 进	나다 出	되돌다 回	건너다 过	일어나다 起	벌리다 开
오다 來	上來	下來	进來	出來	回來	過來	起來	开来
가다 去	上去	下去	进去	出去	回去	過去		开去

다음 장절에서 단순형과 복합형의 의미를 예문과 함께 살펴보도록 한다.

4.5.2 방향보어의 분류

1) 단순1형

화자를 기준으로 움직이는 방향을 말한다. 화자로의 접근인가 이탈인가에 따라 각각 '来, 去'를 사용한다.

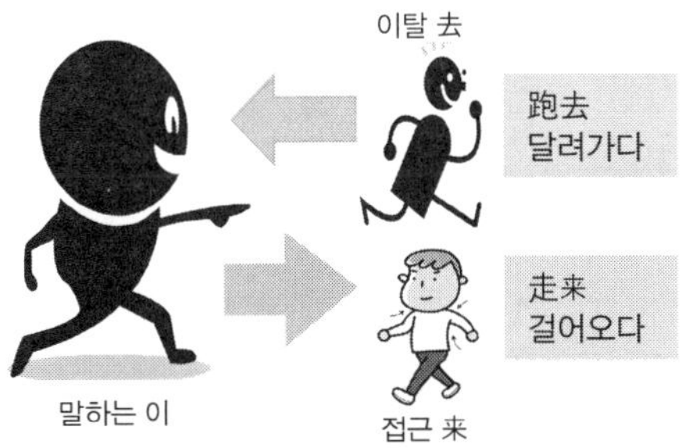

단순1형	来		去	
방향	화자방향		화자반대방향	
동사술어 결합예	走来 걸어오다	跑来 뛰어오다	走去 걸어가다	跑去 뛰어가다

2) 단순2형

공간 이동 방향으로 방위와 관련되어 표와 같이 8가지로 나눈다.

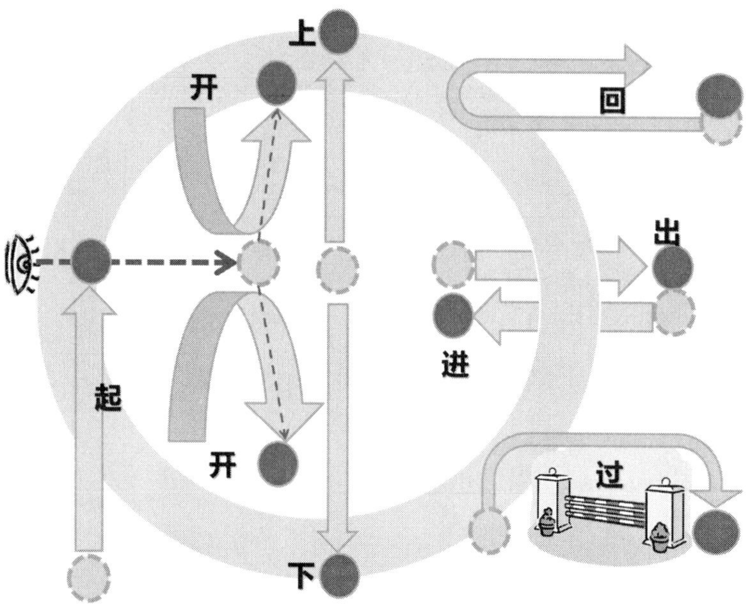

방향	단순2형	동사술어 결합 예시	동사술어결합 예시
상향-하향	上-下	爬上 기어 오르다	走下 걸어 내리다
진입-출	进-出	搬进 옮겨 들이다	卖出 팔아 내다
회귀-경과	回-过	跑回 뛰어 돌아오다	开过 몰아 건너다
기립-전개	起-开	捡起 주워 올리다	放开 놓아 벌리다

3) 복합형 15

올라오다 上來	내려오다 下來	들어오다 进來	나오다 出來	돌아오다 回來	건너오다 过來	일어나다 起來	몰고오다 开来
올라가다 上去	내려가다 下去	들어가다 进去	나가다 出去	돌아가다 回去	건너가다 过去		몰고가다 开去

4) 복합방향보어 예시문

他们也跑上来。 그들도 뛰어 올라왔다.
红着脸飞箭似的跑下楼去。 얼굴이 빨개져서 쏜살같이 아래층으로 내려갔다.
孩子们从外边蹦蹦跳跳地跑了进来。 아이들이 밖에서 팔짝팔짝 뛰어 들어왔다.
我偷偷地从家里跑出来了。 나는 몰래 집에서 뛰어나왔다.
球朝我这边滚来，接着他跑过来。 공이 내 쪽으로 굴러왔고, 이어서 그가 뛰어왔다.
把瓶盖扭转开来。 병마개를 돌려서 열다.
他们赶紧地走开去。 그들은 서둘러 벗어났다.
不一会儿，他们又跑回来了。 얼마 지나지 않아서 그들은 또 뛰어 돌아왔다.
把手抬起来了。 손을 위로 들어 올렸다.

4.5.3 방향보어와 목적어의 위치

1) 단순1형(화자방향: 来/去)

장소 목적어와 같이 고정된 사물은 '来, 去'의 앞에 둔다.

我要回家去。 나는 집으로 돌아갈거야.
他刚下楼来。 그는 막 아래층으로 내려왔다.

일반 사물 목적어가 실현되지 않은 상황이면 통상 '来, 去'의 앞에 놓는다. 명령문은 전형적인 미실현문으로서 '来, 去' 앞에 놓아야만 한다.

拿一本书来！ 책 한 권을 가져와라!
端一碗汤来！ 탕 한 그릇을 차려와라!

다만 일반 사물 목적어가 완료된 상황에서는 '来, 去'의 앞이나 뒤에 모두 올 수 있다.

他拿来了一本书。그는 책 한 권을 가져왔다.
他拿一本书来了。

2) 단순2형(공간방위:上 下 进 出 回 过 开 起)의 뒤

단순2형 방향보어는 목적어가 뒤에 온다.

我们很快地走下山。우리는 아주 빠르게 산을 걸어 내려갔다.
我们想出了一个办法。우리는 한 가지 방법을 생각해 냈다.

3) 복합형

복합방향보어의 장소 목적어는 방향보어의 복합형 사이에 놓는다.

他明天就飞回国去了。그는 내일 비행기를 타고서 고국으로 돌아간다.

만약 목적어가 사람이나 사물이면 세 가지 위치를 모두 가질 수 있다.

① 방향보어의 뒤

완료된 상황은 방향보어의 뒤에 쓸 수 있다.

他从房间搬出来一把椅子。그는 방에서 의자 하나를 들고 나왔다.

② 방향보어 중간

가. 이동가능 목적어

문장에서 가장 흔하게 볼 수 있는 형태로 미완료나 완료에 상관없이 방향보어의 중간에 가능하다.

从房间搬出一把椅子来。방에서 의자 하나를 들고 나와라! [미완료]
这时从房间搬出一把椅子来。이때 방에서 의자 하나를 들고 나왔다. [완료]

나. 장소 혹은 이동 불가 목적어

방향보어의 중간에 목적어를 위치시켜야 한다.

他走回宿舍去。그는 기숙사로 걸어 돌아갔다.
妈妈上楼来了。엄마가 윗 층으로 올라 오셨다.
下起雨来了。비가 내리기 시작했다.
他转过脸来，我才认出是位老同学。
그가 얼굴을 내 쪽으로 돌려서야, 옛 동창임을 알아보았다.

③ 방향보어 앞

미완료 상황일 때 드물게 방향보어의 앞에 쓰이기도 한다.

从房间里搬一把椅子出来!

4.5.4 방향보어와 조사 "了", 그리고 목적어

단순2형의 문장을 예로 들어 본다. '편지 한 통을 부쳤다.'에 해당하는 중국어 가능 형식은 네 가지이다.

동사술어 방향보어 목적어 + 了： 寄去一封信了。
동사술어 방향보어 了 목적어： 寄去了一封信。
동사술어 了 방향보어 목적어： 寄了一封信去。
동사술어 목적어 방향보어 了： 寄一封信去了。

4.5.5 방향보어의 부정

① '没(有)'

결과보어와 마찬가지로 부정은 '没(有)'로 한다.

他没回宿舍去。그는 기숙사에 돌아가지 않았다.
我没有带照相机去。나는 사진기를 가져 가지 않았다.
他没走过去。그는 (걸어서) 건너가지 않았다.
他没有带回来那本小说。그는 그 소설을 가지고 돌아오지 않았다.

② '不'

조건문에서의 부정은 '不'로 한다.

现在不回去就来不及了。지금 돌아가지 않으면 시간 안에 못갈 것이다.
不爬上长城去，就看不见那个人。만리장성에 올라가 보지 않으면 그 사람을 볼 수 없을 것이다.

4.5.6 '了'와 방향보어의 위치

방향보어는 동작의 완료에 중점을 두면 동사 술어 바로 뒤에 상표지 조사 '了'를 사용하고 동작이 실현된 후 놓이게 된 결과에 초점을 두면 방향보어의 뒤에 놓는다.

형식	[[동사 + 了] + 방향보어]	[동사 + 방향보어] + 了
실현	실현	실현
중점	동작 자체 완료 실현	동작의 결과 실현
단순 방향 보어	단음절 来去 외엔 불가 寄了(O)去 (X)放了开	단음절의 일반형식 寄去了 放开了 抢去了
예시문	想到这里她的眼泪又涌了上来。 눈물이 솟아 올랐다. 我赶忙伸手把他拉了下来。 손을 뻗어 끌어 당겨 내렸다. 我进教室后，全体学生立刻站了起来。 전체학생이 바로 일어났다. 汽车在一座大楼前停了下来。 차가 큰 빌딩 앞에 멈춰 섰다.	我进门的时候，她们已经吵起来了。 떠들고 있었다. [시작했다] 我看见后边的人已经追上来了，于是加快了脚步。 이미 다 쫓아온 걸 보았다. 我走进教室后，看见学生已经站起来了。 학생들이 이미 일어나 있는 것이 보였다. 汽车在一座大楼前停下来了。 차가 큰 빌딩 앞에 멈춰 섰다.

4.5.7 방향보어의 파생 의미

1) '来'의 파생의미

'来'는 파생을 통해 공간 이동 중 화자에게로의 접근의 의미가 발생, 추정, 부합, 실행하다, 결과, 추정 등의 의미를 갖는다. 이 중 결과와 추정, 부합의 의미는 방향보어 의미이다.

他看来身体不好。그는 보아하니 몸이 좋지 않은 듯하다.
这件事想来已有二十几年了。이 일을 생각해보니 벌써 이십여 년이나 되었다.

2) '过'의 파생 의미

정해진 구간을 넘어가는 것이 '过'의 본래 의미이다. 그런데 구간 통과라는 신체 수평 이동 의미가 시선의 움직임으로 바뀌어 방향 전환의 의미, 다시 장소 이탈이란 '지나치다'라는 의미가 되어 방향보어로서 사용된다. 그밖에 시간 영역으로 확장하여 시간을 보내다, 넘기다란 의미로 사용된다. 다시 추상적인 영역인 금융부문에 사용되어 금액의 한도를 초과한다는 의미를 가지기도 한다.

他接过那封信。그는 그 편지를 건네 받았다. [경로 통과]
他回过头看看她。그는 고개를 돌려 그녀를 보았다. [방향 전환]

3) 방향보어 '上' 파생 의미

'上'은 낮은 곳에서 높은 곳으로 이동함을 의미하는데 목표에 도달함을 의미한다.

他才追上了那个人。그는 겨우 그 사람을 따라 붙었다.
过上好日子。좋은 날을 보내다.

다시 윗면에 도달함에서 의미를 유추하여 합쳐짐, 부착의 의미를 가진다.

穿户我關上了。창문은 내가 닫았습니다.
把书合上了。책을 덮었습니다.

어딘가에 오르는 일은 무엇인가 새로운 사건의 발생이나 지속을 의미하게 된다.

我爱上她了。나는 그녀를 사랑하게 되었다.
小张喜欢上了我的朋友。샤오장은 나의 친구를 좋아하게 되었다.

4) 방향보어 '起来' 파생의

① 시작하다

일어나다에서 시작하다의 의미를 지니게 되었다. 그리하여 동작이나 상황 개시를 나타내는 기동상의 상표지로도 기능한다. 동작이나 상황이 막 시작되어 그대로 계속됨을 의미하는데 시작에 중점을 둔다.

她忍不住笑起来了。그녀는 참지 못하고 웃음을 터뜨렸다.
下起雨来了。비가 내리기 시작했다.

② 시도하다

'시작하다'에서 '~해보다' 즉 시도의 의미도 지니게 되었다.

看起来，他很老实。겉보기에 그는 아주 진실하다.
说起来容易，做起来难。말보다 시행이 훨씬 어렵다.

5) 방향보어 '下来'

내려오다의 의미에서 분리, 고정의 의미를 가진다.

① 분리 이탈

把眼镜摘下来了。안경을 벗어 놓았다.
他把手表摘下来了。그는 손목시계를 풀러 놓았다.

② 사물 고정

把我说的话记下来。내가 말한 것을 기록해 두세요.
你想留下来吗？ 여기 계시겠어요?

③ 이전부터 계속

接下来我说两句。계속 이어서 제가 말 좀 해 봅시다.
好传统存续下来了。좋은 전통이 존속되어 왔다.

6) 방향보어 '下去'의 파생어

① 지금부터 앞으로의 시간

발화시 현재 진행하는 동작이 앞으로의 시간 속에서도 그대로 동작이 계속 이어짐을 표현하는 계속상 표지이다.

坚定地活下去。꿋꿋하게 살아나가다.
你接着讲下去! 계속 이야기하십시오.
天气再热下去 怎么办? 날씨가 계속 더우면 어떡하지?

7) 방향보어 '上来'의 파생의

① 성공적 실현

가능보어 부정형으로 주로 쓰인다.

这个问题太难, 我答不上来。이 문제는 너무 어려워 내가 답을 못하겠어.
我总说不上来。난 어떻게 된게 말을 할 수가 없다.

② 일정 단계에 도달

주로 형용사와 결합하며 가지게 되는 의미이다.

天黑上来了。하늘이 어두워졌다.
天气慢慢谅上来。날씨가 점점 시원해졌다.

8) 방향보어 '过来' 의 파생의

① 방향 전환 (접근)

把车头转过来。차 머리를 이쪽으로 돌리다.
他历经千辛万苦坚强地挺了过来。그는 온갖 역경을 헤치고 꿋꿋하게 살아왔다.

② 정상 상태 회복

看来他才醒过来了。보아하니 그는 이제야 정신이 드는 모양이다.
从九死一生中活过来的朋友。구사일생으로 살아난 친구

③ 시간이나 능력 수량 만족

자주 '~不过来'의 형태의 가능보어 부정형으로 쓰임

来的人太多, 数不过来。온 사람이 너무 많아서 다 셀 수가 없다.
资料成堆, 我一个人看不过来。자료가 산더미같이 쌓여서 나 혼자서는 다 볼 수 없다.

9) 방향보어 '过去'의 파생의

① 방향 전환 (이탈)

她正在换衣服, 背过脸去。그녀가 옷갈아 입고 있어, 등을 돌려라!
实在看不过去。정말이지 차마 볼 수 없다.

② 정상적 상태 상실

遇到了意外事故晕过去了。무망중 사고를 당하니 정신이 없다.
突然受到刺激昏了过去。갑작스런 충격으로 실신하였다.

③ 겨우 모면

你们瞒不过去我的眼睛。너희는 나의 눈을 속일 수 없다.
你那儿说得过去，头儿那儿可说不过去了。
너희 쪽은 잘 말하면 되겠지만 보스 쪽은 어림도 없어.

4.6 가능보어

4.6.1 가능보어의 구성

결과보어와 방향보어는 동사 술어와의 사이에 '得'를 넣어 해당 결과나 결과로 얻어지는 방향에 대한 가능성을 표현할 수 있다.

吃不饱 ⇒ 배불리 먹을 수 없다 ; 吃得饱 ⇒ 배불리 먹을 수 있다
听不懂 ⇒ 듣고 이해할 수 없다 ; 听得懂 ⇒ 듣고 이해할 수 있다

回得来 ⇒ 돌아올 수 있다 ; 回得来 ⇒ 돌아올 수 있다
走不进去 ⇒ 들어갈 수 없다 ; 走得进去 ⇒ 들어갈 수 있다

4.6.2 가능보어의 긍정형

가능보어의 긍정형은 주로 의문문과 같이 확신에 가득차 단언하지 않는 의문을 품은 문장에 사용한다.

① '吗' 의문문

의문의 어기를 가진 의문문에서 가능 여부를 확인한다.

你们听得懂吗? – 听得懂。
너희들 알아들을 수 있니? – 알아들을 수 있다.

② 정반의문문

긍정형과 부정형 반복 의문 형식을 통하여 사실 여부를 확인한다.

这个谜语你猜得着猜不着? - 猜得着。
이 수수께끼는 맞출 수 있어 없어? - 맞출 수 없어.

③ 어기부사와 호응

확신이 없이 어기부사 '也许', '大概', '说不定' 등의 부사와 불확실한 가능성에 의혹을 가지고 있음을 보이거나 완곡하게 불가능한 사건임을 전달한다.

那本书也许买得到。 그 책은 아마도 살 수 있을 거야.
说不定他搬得动。 모르긴 몰라도 그가 옮길 수 있을지도.

④ 긍정의 강화 '能'과 동시 사용

조동사 '能'과 함께 사용하여 가능의 의미를 강화시킬 수 있다.

这茫茫大海, 放掉了还能找得到吗? 이렇게 망망대해에서 내버려놓고 찾을 수 있겠니?
他们都对付不了, 我却能对付得了。 그 사람들은 대적 못해도 나는 할 수가 있어.

4.6.3 가능보어의 부정형

1) 부정형 위주의 활용

가능보어는 긍정보다 부정형으로 많이 쓰인다. 결과보어와 방향보어의 가능형 부정 형식이 다수로 출현한다.

在家中闻不到那种味道。 집안에서는 그런 종류의 냄새를 맡을 수 없다.
说话支支吾吾的, 听不清楚。 말을 우물거려서 알아듣지 못하겠다.
那座山太高, 我爬不上去。 저 산은 너무 높아서 등산할 수 없겠어.

2) 가능보어 부정형의 목적어 위치

① 간단 형식의 목적어 가능보어 뒤에 위치 또는 화제화 전치

他们都听不懂韩语。그들은 한국어를 알아들을 수 없다.
⇒ 목적어 화제화 가능 他们韩语都听不懂。
韩语他们都听不懂。

② 비교적 긴 관형어 수식 목적어는 보통 문장 앞의 화제로 이동

北京人说的北京土话我们听不懂。북경 사람들이 말하는 북경사투리는 우리는 못 알아들어.
那个电影的情节你说得出来吗？그 영화의 줄거리를 너는 말할 수 있겠니?

③ 방향보어 가능형의 복합형 목적어

방향보어 가능형의 복합형 목적어는 '来', '去' 앞에 쓴다.

我说不出道理来。나는 이치를 말할 수 없다.
我想不起他的名字来。그의 이름을 생각해 내지 못하겠다.
我们想不出办法来。우리는 방법을 생각해 낼 수 없다.

4.6.4 자주 사용하는 가능보어 부정형 표현

자주 사용하는 가능보어 부정형은 비교적 특수하고 관용적인 의미를 생성하는데 '得, 起, 及, 了, 动, 来, 下, 住, 定' 등을 보어로 삼는다.

부정형	결합예	주요 의미	비고
V不得	*巴不得 안달이다 *怪不得 *恨不得 한스럽다 舍不得(舍得) 吃不得 看不得 买不得	~하지 못하다 하지 못해 ~하다 ~해선 안된다	긍정형 없음
V不多	差不多	많음	긍정형 없음
V不起	对不起 看不起	능력/자격	긍정형 없음
V不及	来不及	도달	
V不了	吃不了 受不了 好不了	능력/완료	긍정형 없음
V不动	走不动 跑不动 啃不动 咬不动	이동/이탈	
V不来	合不来	실현	
V不下	坐不下	수용	
V不住	禁不住 靠不住	고정	

V不定	*说不定	확정	
V不到	想不到	산출	

4.6.5 가능보어 '不了'와 '不能' 비교

둘은 비슷하면서도 그 쓰임에 차이가 있으므로 사용에 주의하여야 한다.

	不了(V不C)	不能
의미	원하지만 할 수 없음 완곡 표현 1능력/조건 2 가능/실현	客观能力 객관적 능력 부족 허가 /허용
문체	口语	口语&书面
	1走不了 1回不了家 2死不了 2下不了雨	不能走。 不能回家。

4.7 수량보어

중국어의 수량구는 보어 형식으로 와서 동작의 횟수(동량, 动量), 동작이나 상태의 지속 시간(시량, 时量), 비교대상간의 차이(차량, 差量) 등을 표현할 수 있다.

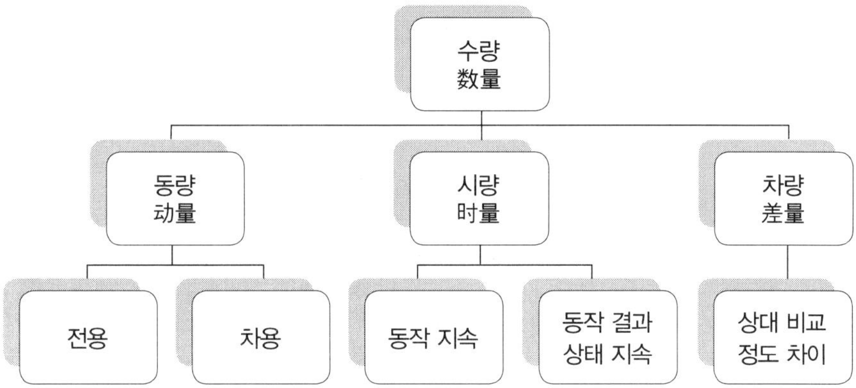

4.7.1 동량보어

동량 동작의 횟수(수사 + 동량사)를 표시한다.

1) 전용동량사

동작의 횟수만을 전문적으로 나타내는 동량사이다.

동량사의 기능과 의미 특징

동량사	기능	의미 특징
전용동량사	전용으로 동작의 횟수 표시	
次 cì	동작의 횟수, 반복해서 나타나는 것	일반
回 huí	동작의 횟수	일반
下 xià	① 반복행위: 종 치기 / 때리기 / 흔들림 ② V + 一下 (좀~해보다) : 尝一下	짧은 반복 동작 : 敲, 摇, 打 가벼운 시도

遍 biàn	처음부터 끝까지 통틀어 1회	전체 의미
趟 tàng	오가는 횟수 (다시 돌아온다는 속뜻)	왕복 의미
场 cháng chǎng	① 자연현상 횟수 ② 연극, 스포츠 등 횟수	공연 의미(자연, 예술)
顿 dùn	식사, 꾸짖음, 구타, 질책 등의 횟수	입 관련(언변, 식사)
番 fān	시간이나 노력이 드는 동작 행위의 횟수	긍정적 노력 행위
通 tōng	언변류 동사의 동작 횟수	부정적 뉘앙스

특정의미 부가 전용동량사 예시

A 遍	看了一遍 数了一遍 抄了一遍 擦了一遍 解释了一遍
B 场	下了一场雨、经受了一场考验、打了一场官司 哭了一场 病了一场
C 顿	吃了一顿面条 请了一顿点心；教训了一顿、批评了一顿、骂了一顿
D 番	研究了一番 打听了一番 争论了一番 解释了一番
E 气	乱唱一气 乱猜一气 瞎扯一气 瞎吹一气
F 趟	走了一趟南京路、飞了一趟广州、跑了一趟市场 来了一趟上海 开了一趟车
G 通	乱写了一通 瞎扯了一通 嘲弄了一通 挑剔了一通 讽刺了一通
H 阵	下了一阵雨 落了一阵雪 刮了一阵风 响了一阵雷 发出一阵娇笑

2) 차용동량사

동작과 관련된 신체 부위나 도구, 결과 등을 써서 동작의 횟수를 표시하는 방법이다. 원래 전용 동량사가 아니라 빌려 쓰기에 차용동량사라고 한다.

차용동량사	차용방식	예시
眼 yǎn	신체	看了一眼 한번 힐끔 보았다.
口 kǒu	신체	咬了一口 한입 덥석 깨물었다.
嘴 zuǐ	신체	插了一嘴 말을 끼어들다.

脚 jiǎo	신체	踢了一脚 한번 뻥 찼다.
刀 dāo	도구	切了一刀 한칼에 싹 베었다.
枪 qiāng	도구	放了一枪 총 한 방을 쐈다.
声 shēng	결과	叫了一声 한 번 소리내 불렀다.
程 chéng	결과	送了一程 한 번 전송했다.

3) 동량보어와 목적어의 위치

① 일반적인 목적어의 위치는 동량사의 뒤이다.

我曾经做过一次问卷调查。 나는 설문조사를 한 적이 있다.
她才仔细看了一遍合约。 그녀는 그제서야 자세히 계약서를 보았다.

전용성이 강한 '一眼', '一声' 등도 일반 목적어 앞에 온다.

看了一眼户外广告。 옥외 광고를 한 번 봤다.
叫了一声妈妈。 엄마라고 한 번 불렀다.

② 대명사 목적어는 동량사의 앞에 위치한다.

我见过她一次。 나는 그녀를 한 번 본 적이 있다.
我去过那儿两次。 나는 그곳에 두 번 간 적이 있다.

차용동량사 중에 전용성이 강한 '一眼', '一声' 등도 대명사 목적어 뒤에 온다.

看了我一眼。 나를 한 번 봤다.
叫了我一声。 나를 한 번 불렀다.

③ 차용동량사도 대명사 목적어가 오면 그 뒤에 온다. '刀, 脚, 口' 등은 일반 목적어가 와도 그 뒤에 온다.

踢了小狗一脚。 강아지를 발로 한 번 찼다.
踢了他一脚。 그를 발로 한 번 찼다.

④ 인명이나 지명 등을 나타내는 목적어는 동량사가 앞 뒤로 모두 올 수 있다.

我见过小李一次。나는 샤오리를 한 번 만난 적이 있다.
我见过一次小李。

새로운 인물이나 사물의 등장에 동량사를 목적어 앞에 쓰는 경향이 있다.

你看一眼老师！ 선생님을 한 번 봐!
老李看了老师一眼。라오리는 선생님을 한 번 봤다.
谁咬了苹果一口? 누가 사과를 한 입 물었니?
儿子刚咬了一口饺子, "哇"一声哭了。아니는 막 만두를 한 입 물더니 앙 소리 내고 울었다.

4) 동량보어의 부정

완료된 동량보어의 부정은 '没(有)'를 사용한다.

我没看过两遍, 只看过一遍。나는 두 번 보지 않았어. 겨우 한 번 봤을 뿐이야.
没见过一次他对客户出言不循。그가 손님에게 언행이 불손한 걸 본적이 없다.

일반적인 상황을 묘사할 때는 '不'를 사용한다.

夜里他们背对背睡着, 互相不看一眼。
밤에 그들은 등을 맞대고 자면서 서로 눈길 한 번 주지 않는다.

부정사 '不'는 조건문에서 사용가능하다.

不吃一口就难受。한 입이라도 먹지 않는다면 괴로울 거야.

4.7.2 시량보어

1) 시량의 두 가지 개념

동작이 지속된 일정한 길이의 시간을 의미한다. 이는 동작이 진행되는 과정 동안 걸린 시간의 양이다.

他休息了一天 그는 하루 쉬었다.

他玩了一个下午。그는 오후 내내 놀았다.
我们稍等了一会儿。우리는 조금 기다렸다.
会议进行了三个小时。회의는 세 시간 진행되었다.

동작이 종료 후 경과한 시간을 표현한다.

他离开这儿已经一年了。그가 이곳을 떠나간 지가 1년이 된다.
我们毕业三年多了。우리는 졸업한 지가 삼년 여가 되었다.

2) 시량보어와 목적어

동작의 지속된 시간을 표시하는 시량보어가 목적어가 함께 온다면 동사를 추가로 사용하거나 시량보어를 관형어로 목적어의 앞에 둔다.

① 동사를 반복해서 목적어와 시량보어 사이에 동사를 추가로 사용한다.

她学日语学了两年。그녀는 일본어를 2년 배웠다.
他做医生做了十年。그는 의사 생활을 10년 했다.

② 시량보어를 목적어 앞으로 보내 관형어로 사용한다.

她学了一年(的)汉语。
他做了十年(的)医生。

많은 경우 목적어를 주제화시켜 문장 앞으로 보내 이야기의 중심으로 삼는다.

汉语, 她学了一年了。그녀는 중국어를 일 년 배웠다.
药, 服了一个星期了。약은 복용한지 일주일이 되었다.

목적어가 대명사이거나 특정인이면 일반적으로 수량보어의 앞에 위치한다.

你再等我一个小时。(너) 한 시간만 더 기다려줘.
只希望你能陪我一会儿。단지 네가 나와 잠깐 함께 있어줬으면 해.

3) 시량보어의 부정

시량보어의 부정은 주로 '没(有)'로 하며 시량보어의 앞에 놓는다.

他大学毕业没几天。그는 대학을 졸업한지 며칠 안 지났다.
他离开这儿没一年。그가 이곳을 떠나간 지 일년이 안 되었다.

'没有'를 '不到'로 바꾸어 부정할 수도 있다.

他们结婚不到一年。그들이 결혼한 지 일 년이 안 되었다.
他大学毕业还不到半年。그는 대학 졸업한 지 아직 반 년도 안 되었다.

'几天'은 '不'와 직접 결합해서도 쓰인다.

我当兵不几天儿。내가 군대간 지 며칠 되지 않았다.
过了不几天, 他们都回来了。며칠 지나지 않아서 그들 모두 돌아왔다.

4) 시량과 동량의 공기(共起)

일정한 시간제한 속에 동작의 횟수를 표시하려면 시량을 동사 앞에 동량을 동사 뒤에 둔다.

我们一天吃三顿饭。우리는 하루에 밥을 세 끼 먹는다.
他们三天洗一次澡。그들은 삼일에 한 번 목욕한다.

4.7.3 차량보어

차량(差量)은 비교한 결과의 차를 수량사구로 표현한 것이다. 주로 척도를 나타내는 형용사 술어의 뒤에 와서 비교 대상 간의 정도차를 수량으로 보여준다.

他大我五岁。그는 나보다 다섯 살 위다.
小李比小金高五公分。샤오리가 샤오진보다 5센티미터 (키가)크다.
这瓶酒比那瓶酒贵三倍。이 술은 저 술보다 세 배 비싸다.

정해지지 않은 극소량을 표현하는 '一点儿', '一些' 등을 써서 차이를 나타내기도 한다.

他比我重一些。그는 나보다 좀 무겁다.
她的衣服比我的衣服多一点儿。그녀의 옷은 나보다 좀 더 많다.

형용사 술어 뒤에 '了'를 첨가하면 화자가 기대하는 수량을 넘어서는 의미를 지닌다.

这块布长三公尺。이 천은 3센티미터 길다.
这块布长了三公尺。이 천은 예상보다 3센티미터 길다.
玻璃宽一公分。유리 폭이 1센티미터 넓다.
玻璃宽了一公分。유리 폭이 예상보다 1센티미터 넓다.

차량보어 형식은 비교의 차이가 아닌 전체 수량을 나타낼 수도 있다.

这块布长三米。이 천은 3미터 길이이다.
玻璃宽五十公分。유리 폭이 50센티미터이다.

부사어가 되어 수량을 표시하기도 하는데 이때는 有를 써서 일정 수량에 도달했음을 나타낼 수 있다. 이때는 비교수량이 아닌 전체 수량을 나타낸다.

这块布有三米长。
玻璃有五米宽。

问&答

问: 형용사 뒤에는 차이를 나타내거나 절대 수량을 나타내는 수량보어만 가능한가요?

答: 형용사라면 그렇습니다. 수량의 많고 적음을 나타내는 형용사 "多, 少"의 경우에는 명량사를 취할 수가 있습니다.

多了一个人。
少了一个人。

4.7.4 동량보어, 시량보어, 차량보어 간의 비교

구분	동량보어	시량보어	차량보어
의미	동작의 횟수	동작 시간 等一天。 동작 후 시간 他毕业五年了。	차이나는 수량
목적어 위치	1 전용은 목적어 앞	1 동작 후 경과 시간 [동사 + 목적어] + 시량	형용사술어 뒤
목적어 위치	2 차용은 주로 목적어 뒤 3 인칭대명사 목적어 = 목적어 뒤 4 장소명사 목적어 = 목적어 앞 뒤	2 동작 지속 시간 2-1동사 반복 2-2 수량보어 ⇒ 관형어 3 목적어 주제화	형용사술어 뒤
예시	1 他又看了一遍短信。 2 我看了他一眼。 3 我们见了他两次。 4 我去过北京一次。 4 我去过一次北京。	1 离开老家半年了。 2-1 她等他等了两年。 2-1 她学了一年汉语。 3 汉语, 她学了一年了 。	他比我大一岁。 这个比那个贵五块。 他的钱比小王多一点儿。

问&答

问： 부사도 보어가 될 수 있나요?

答： 아주 극히 일부의 부사만이 가능합니다. '极, 很'은 모두 정도의 심화를 표현하는 부사들인데 부사어가 아닌 보어의 위치에 와서 정도를 표현하기도 합니다.

부사로 기능 예시
很好 很漂亮 很高兴
极好 极重要 极有兴趣

보어로 기능 예시
好极了 高兴极了 漂亮极了
好得很 高兴得很 漂亮得很

思考与练习

1. 다음 괄호 안에 설명이 맞으면 'O'를, 틀리면 'X'를 넣으세요.

① 동사 뒤에 방향보어를 첨가해서, 동작의 시작이나 계속을 나타낼 수 있다. (　　)

② 양태보어는 실현이 끝난 상태, 습관적이거나 계속적인 동작행위를 설명한다는 점에서 부사어와 다르다. (　　)

③ 시량보어는 지속동사 뒤에 오면 동작이 지속되는 시간을 나타내고, 비지속동사 뒤에 오면 동작이 완료된 후에 흘러간 시간량을 가리킨다. (　　)

④ 방향보어 '过来'는 정상적인 상태로 돌아옴을 의미하고, '过去'는 정상적인 상태를 상실함을 의미한다. (　　)

⑤ 방향보어 '下'는 '수용함.벗어남.고정완성'을 나타내고, 방향보어 '上'은 '목표달성.부착.지나침'을 나타낸다. (　　)

2. 다음 단어를 적절한 위치에 넣어 보세요.

① 我终于找(A)着(B)了(C)。　　〈那本书〉

② 他一定是(A)爱上(B)你(C)。　　〈了〉

③ 医生跳(A)下(B)来(C)了。　　〈楼〉

④ 汽车不能开(A)进(B)来(C)。　　〈公园〉

⑤ 他(A)转过(B)来(C),我才认出他。　　〈脸〉

⑥ 孩子们(A)高兴(B)跳(C)了起来。　　〈得〉

⑦ 这个孩子吃(A)吃(B)得很慢(C)。 〈饭〉

⑧ 我妈妈(A)说(B)不了(C)。 〈汉语〉

⑨ (A)上个月他去了(B)南京(C)。 〈一趟〉

⑩ 他看(A)看了(B)一个小时(C)。 〈书〉

3. '他不小心**打碎**了花瓶'에서 술어와 보어의 행위 주체를 찾아 각각 적고, 문장의 해석을 써 보세요.

➜

4. 다음 문장을 해석해 보세요.

① 我已经吃饱了, 实在吃不下了。

➜

② 那天买票的人很多, 结果我们买不到票。

➜

③ 这件衣服太贵了, 我买不起。

➜

④ 我也有急事，我帮不了你的忙。

➜ ______________________________

⑤ 我们很谈得来，所以我喜欢和他说话。

➜ ______________________________

5. 다음 결과보어의 의미를 써 보세요.

① 听懂 ➜ ______________
② 看见 ➜ ______________
③ 记住 ➜ ______________
④ 睡着 ➜ ______________
⑤ 写完 ➜ ______________
⑥ 打开 ➜ ______________
⑦ 学会 ➜ ______________
⑧ 变成 ➜ ______________
⑨ 找到 ➜ ______________
⑩ 卖光 ➜ ______________
⑪ 吃饱 ➜ ______________
⑫ 洗干净 ➜ ______________
⑬ 准备好 ➜ ______________
⑭ 说清楚 ➜ ______________

6. 다음 〈보기〉에서 괄호에 들어갈 알맞은 보어를 골라 써 보세요.

〈보기〉

上来 下来 进来 出来 回来 过来 起来
上去 下去 进去 出去 回去 过去

① 他一天一天地胖(__________)了。

② 她叫什么来着? 我一时想不(__________)了。

③ 你听得(__________)这是什么歌吗?

④ 放心吧,我不会说(__________)的。

⑤ 这件事说说(__________)容易做(__________)难。

⑥ 请大家先安静(__________)听我说两句吧。

⑦ 春天来了, 天气渐渐地暖和(__________)了。

⑧ 她终于醒(__________)了。

⑨ 汽车停(__________)了。(__________)

⑩ 我妈妈想一直在这里住(__________)。

⑪ 他昏(__________)了。

⑫ 请把你的手机号码写(__________)吧。

7. 다음 괄호 안에 들어갈 알맞은 단어를 연결해 보세요.

① 来晚了(__________)	•	•	一场
② 瘦了(__________)	•	•	一声
③ 看了我(__________)	•	•	两公斤
④ 打(__________)球	•	•	一眼
⑤ 告诉老师(__________)	•	•	十分钟
⑥ 来中国(__________)多了	•	•	一年

8. '写**得**清楚'가 표현하는 의미를 모두 써 보세요.

→

9. '猎狗咬**死**了兔子'와 '我要饿**死**了'에서 '**死**'의 차이점과 문장 해석을 써 보세요.

→

10. '**快**跑'와 '你跑得很**快**'에서 '**快**'의 차이점과 문장 해석을 써 보세요.

→

11. '吃**饱**了'와 '今天吃得很**饱**'에서 '**饱**'의 차이점과 문장 해석을 써 보세요.

→

12. '我等了**两年**了'와 '我来这儿**两年**了'의 차이점과 문장 해석을 써 보세요.

→

13. 다음 단어들을 이용하여 적절한 표현이 되도록 만들어 보세요.

① 累, 今天, 我, 了, 走, 动, 不, 得

➜ ____________________

② 一定, 他, 了, 你, 爱上

➜ ____________________

③ 一场, 昨天, 了, 大雨, 下

➜ ____________________

14. 다음 문장에서 틀린 부분을 지적하고, 틀린 이유를 설명해 보세요.

① 小李说话得很流利。

➜ ____________________

____

② 他跑不跑得快?

➜ ____________________

____

③ 大家都打了开书。

➜ ____________________

____

参考资料

刘月华 1998『趋向补语通释』, 北京语言文化大学出版社.

王砚农, 焦群, 庞颙 1987『汉语动词－结果补语搭配词典』, 北京语言文化大学出版社.

李燕 2012『现代汉语趋向补语范畴研究』, 南开大学出版社.

缪锦安 1990『汉语的语义结构和补语形式』, 上海外语教育出版社.

중국언어연구회 1994『補語研究』, 學考房.

陈信春 2010『补语同相关成分的句法语义关系』, 河南大学出版社.

蔡丽 2012『程度范畴及其在补语系统中的句法实现』, 世界图书出版公司.

彭国珍 2011『结果补语小句理论与现代汉语动结式相关问题研究』, 浙江大学出版社.

北京语言学院语言教学研究所 1992『现代汉语补语研究资料』, 北京语言学院出版社.

강춘화 2002〈汉语"形容词/心理动词＋得＋补语"的韩语对应语法分析〉, 중국어문학논집 제21호.

교뢰 2013《'V-어 버리-'와 'V-掉'의 대조 연구》, 동국대학교 석사학위논문.

김기범 2002《結果補語와 이에 對應되는 韓國語 成分 研究》, 한국외국어대학교 석사학위논문.

김종호 2003〈중국어 补语에 상응하는 한국어 성분의 위치 문제〉, 중국어문학논집 제22호.

김현철, 진화진 2012〈현대중국어 "형용사(A)＋起来"구문의 상태변화 의미와 한국어 대응형식 연구〉, 중국언어연구 제43권.

노순점 2005〈漢語의 結果補語 연구: 漢語 結果補語에 대응되는 韓國語 성분 분석〉, 중국학논총 제19호.

박문화 2013《한국어 보조용언과 중국어 결과보어의 대조연구 : '-(어)버리다'와 '掉'를 중심으로》, 서울시립대학교 석사학위논문.

박정실 2009《한국어와 중국어의 용언 부사어 대조 연구》, 원광대학교 석사학위논문.

오월홍 2014《중국어 정도보어 '得' 구문의 한국어 대응표현 연구》, 동국대학교 석사학위논문.

윤서희, 성윤숙 2009〈한어 결과보어의 한국어 번역에 관한 연구〉, 동북아 문화연구 제18호.

이은화 2011〈중국어 정도보어의 한국어 대응형식과 한국인 학습자의 정도보어 습득의 상관관계 연구〉, 중국어문논총 제51집.

朴银周 2005《程度范畴的韩汉对比研究》, 华东师范大学 硕士.

李琳琳 2013《汉语补语在韩语语法体系下的对比表达探究》, 山东大学 硕士.

李恩华 2007《"V到＋NP、V在＋NP" 的句法语义汉韩对比研究及其理论应用》, 上海外国语大学 博士.

李恩华 2009〈"V到＋NP"、"V在＋NP" 结构的汉韩翻译特征及教学策略〉, 汉语学习 第2期.

李义善 2000《汉语补语的韩译研究》, 暨南大学 硕士.

李向春 2011《动趋式“V＋开去”的句法语义研究》, 辽宁大学 硕士.

车政华 2008〈韩汉翻译教学中趋向补语教学探究〉, 辽宁教育行政学院学报 第1期.

최규발 1995《현대한어 결과보어의 의미지향 분석, 고려대학교 박사학위논문.》

IV. 중국어 구문론

1. 문장 기능별 분석론
2. 문장 유형 분석론
3. 특수 구문 분석론

1 문장 기능별 분석론(평서문, 의문문, 명령문&청유문, 감탄문)

主要论点

문장의 기능을 나누어 보고 그 차이를 비교해 보자.
'是~的'강조문의 기능과 특징에 대해 살펴보자.
의문문이 평서문과 다른 문법적 특징은 무엇인지 살펴보자.
명령문이 평서문과 다른 문법적 특징은 무엇인지 살펴보자.
감탄문이 평서문과 다른 문법적 특징은 무엇인지 살펴보자.

1.1 문장의 기능별 분류

1.1.1 문장의 4대 분류

문장은 어투와 그에 따른 종결의 유형에 따라 다음 네 가지로 나눌 수 있다.

명칭	기능	예문
평서문	사건을 서술하고 판단, 사물을 설명하고 묘사	后面是一张北京市的地图。뒤쪽은 북경시 지도이다. 他还没给钱呢。그가 아직 돈을 주지 않았어요. 我是来找张先生的。나는 장선생을 찾아온 거에요.
의문문	의문을 제기하는 표현	从哪儿来呀？어디서 왔어? 你在老家做什么事？고향에서 무슨 일 했어? 你来北京多久了？북경에 온 지는 얼마나 되었지?
명령문 (청유문)	화자가 청자에게 부탁이나 명령, 권고, 건의, 재촉, 금지 등을 요구하는 행위 표현	好好干吧! 열심히 해라! 先生请换衣服! 선생님, 옷을 갈아 입으시죠. 你把这个送到王府井大街123号。 너 이걸 왕푸징대로 123호에 갖다 줘라!
감탄문	화자의 강렬한 감정을 표현	姓张的可多呢! 장씨 성 가진 사람은 널렸어! 这可真是急死我了! 이건 정말이지 조급해 죽겠군! 她忙得简直喘不过气来！ 그녀는 바빠서 정말이지 숨 쉴 틈이 없어!

1.1.2 문장 기능별 주요 어기조사의 기능 차이 비교

	문형 : 의미	예문
吧	평서문: 승낙 의문문: 추측 명령문: 요청	好，我去吧。알았어. 내가 가지. 他不来了吧? 그 사람 안오게 됐구나? 便宜一点儿吧！ 좀 싸게 해주세요.
呢	평서문: 지속 확인(그렇지!) 의문문: 언급 완곡	我跟你说话呢! 너한테 말하고 있잖아! [지속] 收获不小呢。수확이 적지 않지. [확인] 他呢？ 그사람은? [언급]
嘛	평서문: 이치에 합당	简直是开玩笑嘛。정말이지 웃긴 얘기잖아.
呗	평서문: 두말하면 잔소리 당연함, 마지못한 수긍 동의 [(+)불만 (+)비격식(불손?)]	小李呗。샤오리겠지. 去就去呗！가라면 가지 뭐(까짓 거, 뭐)

1.2 평서문의 특징과 운용

1.2.1 평서문의 특징

평서문은 발생한 사건이나 사실에 대한 진술을 하는 문장으로 진술에는 일반적 서술이나 판단, 묘사 등이 포함된다.

他们已经来了。
그들은 이미 왔다.

下午有客人来。
오후에 손님이 옵니다.

她长得很漂亮。
그녀는 아주 예쁘게 생겼다.

평서문에 어기조사 '啊 吧 罢了 呗 的 嘛 呢' 등이 쓰여 화자가 품은 개별적인 태도를 표현한다. 더불어 사실을 단언하거나 인정하는 어투를 표현해 준다.[48]

48) 어기조사 각각의 기능에 대한 설명은 앞의 품사 편을 참조.

1.2.2 강조의 '是~的' 구문

1) '是~的' 구문의 출현 조건

이미 발생한 사건에 대한 강조를 위해서 "是~的" 형식을 활용하는데 '是~的' 사이에 오는 시간이나 장소, 동작의 주체, 방식 등이 강조된다.

출현 조건	① 이미 발생한 과거의 사건(동작 행위) ② 시간, 장소, 방식, 동작의 주체나 대상 강조
출현 형식	(是) + 시간, 장소, 방식, 목적, 동작의 주체 & 대상 + 的. (是) + 시간, 장소, 방식, 목적, 동작의 주체 + 的 대상.

他们是从韩国来的。[장소]
그들은 한국에서 온 겁니다.

我是坐飞机来的。[방식]
나는 비행기 타고 온 겁니다.

是我自己做的。[동작 주체]
나 직접 한 거에요.

他们是前天走的。[시간]
그들은 그저께 떠난 것에요.

他 是 上 大学 的。[대상]
그는 대학에 다니는 겁니다.

또한 '是~的'는 과거 사건을 표현하는데 이를 제거하면 미래의 사건을 기술할 수 있다.

你是哪年毕业的？[과거 사건]
어느 해에 졸업한 거니?

你哪年毕业？[미래사건]
어느 해에 졸업하니?

2) 是~的 구문의 부정과 의문

① 부정문의 구성

부정문은 '不'를 붙인다. 관계동사 '是'와 동일하다.

후미에 소절이 와서 관용적으로 쓰이는데 '不是~而是'는 '不是' 뒤의 내용을 부정하고 '而是'는 뒤의 내용을 긍정한다.

他不是昨天来的，而是前天来的。
그는 어제 온 게 아니라 그저께 온 거야.

반면 '不是~就是'는 '不是' 뒤의 내용이나 '就是' 내용 중의 하나를 선택한다.[49]

他不是昨天来的，就是前天来的。
그는 어제 온 거거나 아니면 그저께 온 것이다.

② 의문문의 구성

의문문은 문미에 '吗'를 붙이거나 '是不是'와 같이 정반의문문을 구성하거나 선택의문문 또는 의문사를 넣어 의문사 의문문을 만들 수 있다.

의문문 유형	의문문 형식	예문
吗 의문문	是~的吗？	是张先生叫他来的吗？
정반의문문	是不是~的？	是不是张先生叫他来的？
선택의문문	是~的，还是~的？	是张先生叫他来的？还是李先生叫他来的？
의문사 의문문	是 + ~의문사~ + 的？	是谁叫他来的？

위의 표에서는 의문사를 의문 초점을 받은 '张先生'을 대신해서 의문사 의문문을 만들었다.

③ '是的'문 목적어의 후치와 '是' 생략

가. 목적어의 후치

是的문에서 동사의 목적어가 的의 뒤로 도치될 수 있다. 북경 구어에서 자주 쓰이는 표현이다.

是~동사 + 목적어的 : 他 是 上 大学 的。
是~동사 的목적어 : 他 是 上 的 大学。

49) 선택 표현 접속사 부분을 참조.

그렇지만 모든 '是的'문이 가능한 것은 아니다. 인칭대체사가 들어가면 목적어를 도치하는 방식을 사용할 수가 없다.

(O) 我是昨天见他的。
(X) 我是昨天见的他。
(X) 他是昨天告诉的我。

나. '是'의 생략

대부분은 '是的'문의 '是'가 생략이 가능하다.

他跟同学一起去的。
我们坐车去的，他们坐飞机去的。

모두 가능한 것은 아니고 지시대사가 주어로 오거나 부정사 '不'가 출현하면 성립하지 않는다.

"这(那)" 주어: 这是为这个目的盖的。
부정 "不是": 他不是昨天来的。

④ 또 다른 '是的'문

말하는 이의 생각, 견해, 태도 등을 단정적 표현하여 강조하는 '是的'문이 있다. 이 경우 '是~的'를 없애도 문법적으로는 문제가 없이 온전하다. 주로 부정사나 조동사 등이 함께 나오는 경우가 많다.

这个问题，我们也(是)很注意(的)。
이 문제는 우리들도 아주 주의하고 있는 거야.
他的看法是不妥当的。
그의 관점은 부적당하다.
对于这种事情，他是不会知道的。
이 일에 대하여 그는 모를 것이다.

1.3 의문문의 특징과 운용

1.3.1 의문문의 분류

의문문 유형	의문문 형식	예문
吗 의문문	평서문＋吗？	他今天来吗？ 他来了吗？
정반의문문	동사긍정＋부정형	他今天来不来？ 他来没来？他来了没有？
선택의문문	평서문 还是 평서문	他今天来，还是明天来？
의문사[33] 의문문	평서문에 의문사 넣기	他什么时候来？ 谁明天来？

의문문은 의문 형식에 따라 네 가지로 나눈 도표이다.

1.3.2 의문문의 의문 정도[51]

의문을 품는 정도의 차이가 의문문의 유형과도 관련이 있어보인다. 선택의 폭이 좁은 정반이나 선택의 경우 상대적으로 의문의 정도가 낮아짐을 알 수 있다. 또한 의문의 정도가 높을수록 사용 가능 형식이 적어지는 현상도 보인다.

정도 의문문유형	100%	80%	60%	40%
의문사 의문문	你吃什么？		面和饭两样， 你吃哪一样？	
정반의문문		你吃不吃面？		你吃的面，是不是？
선택의문문			你是吃面还是吃饭？	
吗의문문[35]		你吃面吗？		你吃的面吧？
명사구＋呢	老王呢？	(你是大夫吗？ 不是) 那一位呢？	(老王九号走， 小李三号走) 你呢？	

50) 본문에서 의문사는 의문대체사를 줄여 부르는 명칭으로 필요에 따라 줄여쓰거나 밝힐 필요가 있을 때는 의문대체사라고 한다. 대체사는 代词의 한국어 대응 술어로 대명사, 대형용사, 대부사 등을 모두 포함하는 개념이다.

51) 徐杰-张林林(1985) 〈疑问程度与疑问句式〉(江西师大学报, 1985.2)참조

위 표에서는 동일한 비율의 등급으로 나왔지만 사실상 '吗'는 의혹이 크고 믿음이 적은 표현으로 가능성이 50% 아래의 표현이다. 같은 의문 정도라도 긍정과 부정으로 묻는 정반의문문보다는 '吗' 의문문이 가지는 의문의 정도가 더 높다고 볼 수 있다.[52] 의문문 유형별 의문의 강함에 따른 순서대로 보면 의문사의문문 〉 吗의문문 〉 정반의문문, 선택의문문 〉 吧의문문 〉 반어문이라고 볼 수 있다.[53]

1.3.3 유형별 의문문의 특징

1) 吗의문문(是非问)

吗의문문은 문장의 끝에 의문 어기조사를 사용하여 묻는 문장이다. 의문의 어기조사로는 '吗, 吧, 呢' 등이 있다.

你还记得吗？ 너 아직도 기억하고 있니?
脚还很冷吗？ 발이 아직도 아주 차갑니?
今天是星期三吧？ 오늘이 수요일이지?
小金一岁时已经跳过舞, 他呢？ 샤오진은 한 살때 이미 춤 춰본 적이 있어. 그 사람은?

2) 정반의문문

정반의문문은 일반적으로 동사나 형용사의 긍정형[V]와 부정형 [不/没 + V] 나열하는 형태로 구성된다.

你 + 喝 + 不喝?
너 마시니 안 마시니?
你 + 看 + 不看？
너 보니 안 보니?

목적어 존재하는 동사술어문의 정반의문문의 순서는 아래와 같이 두 가지가 존재한다.

---

52) 邵敬敏(1996)《现代汉语疑问句研究》, 华东师范大学出版社 참조

53) 반어문의 예문을 들어 보면 "难道你不理解我吗？ 설마 나를 이해 못하는 건 아니겠지?"처럼 이미 사실이란 믿음하에 확인 질문하기에 믿음은 100%, 의혹은 0%라고 할 수 있다.

① 동사 + 부정사(不, 没)동사 + 목적어
② 동사 + 목적어 + + 부정사(不, 没[54])동사

목적어 동사 긍정형과 부정형 뒤의 예를 보면 다음과 같다.

你 吃 + 不吃 + 泡菜?
김치를 먹니 안 먹니?
他 + 来 + 没来 + 这儿？
여기 왔니 안 왔니?

목적어 동사 긍정형과 부정형 사이에 오는 예를 보면 다음과 같다.

你吃 + 泡菜 + 不吃?
他 + 去那儿了 + 没有？

목적어 없이 단순 동사만 출현한 경우 동사를 '没有' 뒤에 쓸 수도 있다.

你到底去了没去？ 너는 도대체 갔었니, 안 갔었니?

3) 선택의문문

선택의문문은 '还是'를 사용해 여러 개 중 하나를 선택하도록 묻는 의문문이다.

他今天去还是明天去? 그는 오늘 가니? 아니면 내일 가니?
你喝茶还是喝咖啡? 차 마실래? 아니면 커피 마실래?

선택의문문에서는 의문의 초점이 아니라면 중복된 주어 생략할 수 있으나 동사 술어는 일반적 생략해서는 안 된다.

你去还是他去？ 네가 가니, 그가 가니?

주어가 의문 초점으로 주어 생략 불가하다. 물론 주어 생략이 가능한 경우도 있다. 이 경우 동사는 생략이 불가하다.

54) 没는 뒤에 동사를 취하지 않는 형식으로 주로 쓰인다.

他今天去还是明天去？ 그는 오늘 가니, 아니면 내일 가니?
你喝咖啡还是喝茶？ 너는 커피를 마실래, 아니면 차를 마실래?

4) 의문대체사 의문문

① 의문대체사의 유형

사람, 사물	시간	방법, 성질, 상태 ('怎么'= +이유 포함)
谁 누구 什么 무엇 哪(个) 어느(것)	什么时候 哪会儿 多会儿 언제	怎么 왜 怎样 어떻게 해서 怎么样 어떤, 어떻게
장소	**수량**	**정도**
哪儿 어디 哪里 어디	多少 몇 几 몇	多 어느 정도

② 의문대체사의 운용

'谁(누구)', '什么(무엇)', '怎么(어떻게)', '哪里(어디)', '哪儿(어디)', '什么时候(언제)' 등 의문대체사를 사용하여 묻고 싶은 부분에 바꿔 넣으면 된다.

주어 의문
谁参加会议? 누가 회의에 참가하니?
小李参加会议。 샤오리가 회의에 참가 해.

목적어 의문
他教谁汉语？ 그는 누구에게 중국어를 가르치니?
他教小张汉语。 그는 샤오장에게 중국어를 가르쳐요.
你买什么? 너 무엇을 사니?
我买香蕉。 나는 바나나를 삽니다.

방법에 관한 의문
这个字怎么写。 이 글자는 어떻게 쓰니?
这个字这么写。 이 글자는 이렇게 써요.

수량에 관한 의문
你要多少？ 얼마를 원하니?

我要十个。열 개를 원해요.

장소에 관한 의문
在哪儿见面？어디서 만나니?
在公园见面。공원에서 만나요.

시간에 관한 의문
什么时候走的？언제 떠난 거죠?
今天早上走的。오늘 아침에 떠난 거에요.

정도에 관한 의문
他多大了？ 그 사람 나이가 어떻게 되죠?
他今年二十岁。그 사람 올해 스무살이에요.

③ 비지시적 의문대체사문

의문대체사의 비지시지적 용법이 있다. 의문대체사가 왔음에도 '吗'를 취한 경우가 그러하다. 아래의 예문을 살펴보자.

가. 일반 의문문과 비지시적 의문사 문장의 구별

你要买什么? 당신은 무엇을 사려 하는가?
你要买什么吗? 당신은 무언가 사고 싶은가?

첫 번째 문장은 무엇을 사고 싶은지를 묻는 의문문이다.
두 번째 문장은 부정 (不定: 정해지지 않은 것) 의 비지시적 의미를 나타낸다.

나. 의문대체사의 활용

ㄱ. 부정(不定)
我们吃点儿什么吧。뭐 좀 먹자.
什么书好, 什么书不好, 大家应该很清楚。무슨 책이 좋고 나쁜지는 모두 다 잘 안다.
他把什么东西整理了一下, 就睡觉了。그는 무슨 물건을 정리하고는 잠을 청했다.

ㄴ. 반어(反问)
你是他的什么人呢？넌 그 사람하고 무슨 관계인데 그래?
这跟他有什么关系呢？이게 그사람하고 무슨 상관이람?
哪里有这样的事情？어디에 이런 일이 있을까?

ㄷ. 전칭

不管你想什么或想怎么做，都可以。네가 뭘 생각하든 어떻게 하고 싶든 다 괜찮아.

你说的话，我什么都听不懂。네가 하는 말은 무엇이든 다 알아들을 수가 없어.

ㄹ. 호응

2개의 의문대체사 앞뒤 호응한다. 앞의 의문대체사가 임의의 것을 가리키고 뒤의 것도 앞의 것을 그대로 나타낸다.

你要什么，他有什么。네가 원하는 만큼 그는 가지고 있어.

你要多少，我就给你多少。네가 얼마를 원하든 네가 원하는 그만큼을 줄게.

4) 부가의문문

의문문의 유형에 들지는 않았지만 '吗'의문문(是非问)의 하위 부류로 볼 수 있다. 문장 전체의 마지막에 확인하는 어투로 어기조사 '吗' 등 의문 형식으로 문장에서 단언한 내용이 사실임을 되물어 확인한다.

문장 + "好吗?" (좋습니까?)
문장 + "行吗?" (괜찮습니까?)
문장 + "可以吗?" (괜찮으시겠어요?)

대답은 '行'이나 '不行' 등으로 하면 된다.

5) 多 의문문

주로 형용사와 결합하여 형용사의 성질이나 상태가 어느 정도에 이르는지를 묻는 의문 형식이다. 형용사 앞에 의문부사 '多'를 놓으면 된다. 종종 '有'를 '多' 앞에 두기도 한다.

[(有)多 + 形(A)]

	적극적 의미 O	소극적 의미 X
길이	多长	X 多短
높이	多高	X 多低
두께	多厚	X 多薄
폭	多宽	X 多窄
연령	多大	X 多小

甲: 这块肉有多重? 乙: 三斤重。
甲: 那棵大树有多粗 ? 乙: 有五米粗。
甲: 这条河多宽? 乙: 五十米。

6) 명사+'呢' 의문문

기 발화되었거나 이미 전제된 사건의 새로운 참여자로서의 명사구에 대한 의문을 제기한다. 예를 들면 앞서 어디에 있는지 혹은 존재 등에 대한 인지가 있다면 관련 행위에의 장소나 참여 여부 등을 물을 수 있다.

他呢? 그사람은? 他在哪儿? 집에 있다는 걸 인지/화자가 여기 위치 ⇒ 그 행방 의문
我呢 ? = 我要做什么? 내가 할 일이 있음을 인지 ⇒ 내 일의 내용에 의문 제기
我喝咖啡, 你呢? 화자의 커피 마시는 행위에 대응한 청자의 행위가 무엇인지 의문
他去上海, 小李呢? 그의 행위에 대응하여 샤오리의 행위가 무엇인지 의문

7) 반어문

반어문이란 부정의 형태로 강하게 긍정을 하거나, 긍정의 형태로 강하게 부정하는 표현으로 주로 의문 형식이다. 말하고자 하는 내용을 반대의 형태로 나타내는 강조표현이다.

① 반어문의 주요 형태

형식	예시
(어기부사)+부정형식+吗 의문사	难道(不是)~吗?
장소와 대상 표시 의문대체사	哪儿~~什么
대상, 주체, 방식 표시 의문대체사+조동사	~有什么, 谁, 怎么会/能

② '不是…吗?' ~가 아닌가

现在叫你退一步, 不是很难吗? 지금 네가 한 발짝 물러나라는 게 아주 어려운 거 아니야?
我们不是说好明天去吗? 우리 내일 가기로 말 다 해놓은 거 아니야?

③ '难道…吗?' 설마 ~일라구

他难道不喜欢听我的意见吗? 그가 설마 내 의견 듣고 싶지 않다고?

难道他回家了吗? 설마 그사람 집에 간거야?

④ '哪儿…(啊)?' 어디에 ~한 일이 있으랴, 있지 않다

我哪儿啊?

他哪儿能不来呢?

⑤ '~什么?' 뭐가 ~하다는 건가? 무얼 ~하는 건가?

笑什么? 뭘 웃어?

都什么时候了? 还不快起床。벌써 시간이 몇 신데, 아직 서둘러 일어나지 않네?

⑥ '有什么…' 뭐가 ~한 거야?

这件衣服有什么难看。이 옷이 뭐가 보기 싫은데?

这张画儿有什么好看? 이 그림은 뭐가 예쁜데?

⑦ '还' 를 사용한 반어문

这么好的条件, 你还不满意! 第一次学游泳,还能不喝几口水?

⑧ '谁…怎么会 / 能…'

谁说我们干不成? 我们一定干得成! ; 他怎么会来? 他摔折了腿了。

8) 주요 의문 대체사

① '怎么'

방법	이유
怎么~的 ⇒ 동작 발생 확정 怎么来这儿的? 여기에 어떻게 왔나요?	怎么~了 ⇒ 새로운 사태가 출현 他怎么这么急着回去了? 저사람 왜저렇게 급하게 돌아갔나요?
직접 단독 동사 술어 수식 怎么去? 怎么写? 怎么说? 怎么吃?	怎么 직후에 부사, 지시사 등 술어 앞 怎么这么不高兴? 怎么还不来? 怎么他一个人走?
방식 질문 怎么去(上海)? 목적어 동반 문미 액센트 억양 하강조	이유 질문 [=반문에 가까움] 怎么去上海? 목적어 동반 문미 액센트 억양 상승조
방법 문의 怎么办? 어떡하지?	술어기능 怎么了? 어떻게 된 거니?

② '怎么' 와 '怎(么)样'[55]

'怎么' 와 '怎(么)样'는 성질, 상태, 방식 등에 관하여 질문할 때 사용하는 단어이다.

	怎么: 주로 부사어	怎么样: 단독 술어, 보어 가능
상호치환	= 방식의 부사어 의문/양보구문 등 부사어(화)	
	你是怎么说服他的？ 我不管，你怎么说就怎么说吧。	不管他怎样劝我，我都不会说的。 我不知道怎么样感谢你才好。
상이	새로운 상황[예외적 술어 기능]	진전된 상황[상태]
	怎么了/啦？ [어기 조사 필수]	怎(么)样(了)？
	的 관형어 불가 제한적 수량구 수식	관형어 가능 주로 的 확장 형식
	(O) 他是怎么个人？ (X) 怎么的行动 (X) 一个怎么的人	(O) 怎样的行动 (O) 一个怎(么)样的人 (O) 我是怎样(的)一个人？
관용표현	1) 수량 怎么回事？ (X怎么事) 2) 怎么 + 부가성분 + V: 怎么不吃？ 怎么现在走？ 3) 不怎么 그다지 ~않다 4) 단독 怎么？！他没来? (뭐가)어떻다고! 그 사람 안 왔다고?	(O) 不怎么样 (X) 不怎样冷 (X) 不怎么样冷

③ '为什么' & '怎么'

'为什么'는 객관적인 질문에 사용하고 '怎么'는 의심이나 놀라움 동반하며 일반적으로 답을 요구하지 않는다.

가. 상호치환 불가능한 경우

ㄱ. '怎么'가 방법 표시

你怎么来的? 怎么做？ 너 어떻게 온거야? 어떻게 하지?

ㄴ. '怎么'가 상황 의문 표시

他怎么了？ 그 사람 어떻게 된 거야?

这到底是怎么回事儿？ 이거 도대체 어찌된 일이야?

外面怎么好,也不如自己家好。 밖이 아무리 좋아도 자기집만 못하다.

55) 卢福波(2000)《对外汉语常用词语对比例释》北京语言文化大学出版社 참조

ㄷ. '怎么'가 전적으로 이해 불가하거나 놀람 표시

怎么钥匙没了？ 어떻게 열쇠가 없어졌지?

他怎么敢欺负你？ 그사람 어떻게 나를 속일 수가 있어?

ㄹ. '怎么'가 반어문 사용

"怎么＋能/会" 형식의 반어문에서 사용시 치환 불가하다.

你怎么能不知道呢？

电脑怎么会坏呢？

ㅁ. '为什么'가 순수 의문형식으로 사용

'为什么'가 순수의문으로 이해불가

谁知道她为什么哭？

ㅂ. '为什么'가 목적으로 사용

你爷爷为什么来中国？ 할아버지가 중국에 왜 오시니?

这到底是为什么？ 이건 도대체 무엇을 하려고 그런건데?

나. 상호 치환가능하지만 의미 기능은 상이

ㄱ. 이해 불가 여부

'怎么'는 이해하기 불가하다는 의미를 전달한다.

小王怎么没来？ [안 올 사람이 아닌데 이상하군]

'为什么'는 원인의 규명을 하고자 한다.

你为什么不看呢？ [이유를 정확히 알고 싶음]

ㄴ. 구정보인가 신정보인가

'怎么'는 신정보를 전달하고 '为什么'는 구정보를 전달하는 기능이 있다.

你怎么连这个字都不会写？ [방금 인지]

为什么不让他学会自己生活？ [예전 인지]

④ '多少' 와 '几'

'多少'	'几'
수의 제한 없음 A：有多少？B：五十多个。	100이하의 수 几月几号？十二月二十六号。
양사 유무 무관	반드시 뒤에 양사
(O) 你们 学校 有 多少 学生? (O) 你们 学校 有 多少个学生?	(O) 你 家 有 几 口 人? (X) 你 家 有 几 人?

'多少'는 제한이 없어 사용범위가 넓다. 반면 10이하의 수와 요일 날짜의 경우는 '几'를 써서 표현한다. 양사의 제약도 '几'는 일반 수사와 마찬가지로 적용되는데 '多少'는 양사 업이 대체해서 사용할 수 있다.

问&答

问 : 어느 것이 더 적절한 표현인가?
你喝咖啡还是喝牛奶？你喝咖啡还是牛奶？

答 : 동일 항목이 동사구일 때 생략하지 않는 것이 원칙이다.
추가로 예를 더 들어본다.

洗衣服还是洗被单? ~ 洗衣服还是(洗)被单?
走进来还是走出去? 一? 走进来还是(走)出去?

참고: 邵敬敏(1994), 《现代汉语选择问研究》语言教学与研究 第2期

问&答

问 : 중국어에서 의문사 几와 多로 나이를 물을 때 차이가 있는가?

答 : 나이와 존대 여부에 따라서 물어보는 의문 형식이 달라질 수 있으니 잘 구별해서 사용해야 한다.

几岁?
10세 아래의 아이

多大(了)?
아이, 젊은이, 동년배까지

多大岁数?
일반, 동년배 이상

多大年纪?
존중, 주로 연장자

您高寿啊?
您贵庚？
고령자

十几? 二十几?
대략적으로 알고 있는 경우

问&答

问 : 중국어에서 '谁'와 '什么人'은 같이 써도 되는가?

答 : 전체형 의문사와 분석형 의문사로 나누어 볼 수 있는데 분석형이 다소 추궁하는 느낌을 전달할 수 있으므로 친구관계에서 편하게 쓸 수 있으나 '什么人'은 초면에 다소 무례할 수 있으므로 '谁'라고 해야 한다.

9) 의문문 문형에서 주의할 사항

의문 어기조사 '吗'는 '呢'와 동시 사용이 불가하다.

(X) 你是韩国人呢吗？
(X) 你是韩国人吗呢？

吗의문문은 목적어와 관형어 안에 들어갈 수 없다. '吗', '吧'는 어투를 나타내는 어기조사로 문장의 끝에서만 의문 어기조사로 사용 가능하다.

(X) 我不知道他是中国人吗。
(X) 我不知道他是中国人吧。

사실임을 전제로 하는 반복 표시나 전체 표시 정도 강화 등 부사가 동반된 의문형에는 정반이나 선택 의문문이나 의문사 의문문을 사용하지 않고 '吗'의문문만을 사용한다.

(X) 你也是不是中国人?
(X) 你也是中国人还是韩国人?
(X) 你也是哪国人?
(X) 他有没有很多朋友？

1.4 명령문의 특징과 운용

명령문(祈使句)은 상대에게 명령이나 요구 부탁을 하는 문장으로 한국어에서의 명령문과 청유문을 포함하는 개념이다.

1) 주어인 '你 / 你们'은 보통 생략하고 단독 가능

(你 / 你们) 吃！跑！看！走！睡！去！来！

2) 동사 / 형용사 + 点儿, 동사 + 吧, 동사 + 一会儿, 咱们 + 동사

'一点儿', '一会儿' 등 극소 수량 표현을 붙이거나 어기조사 '吧' 등을 첨가하여 명령의 어투를 부드럽고 완곡하게 표현한다.

高一点儿！ 조금 높여라!
多吃点儿！ 많이 좀 먹어라!
说点儿话！ 말 좀 해라!
去吧,去吧！ 가봐, 가봐!
便宜一点儿 조금 싸게 해줘라!
请坐一会儿！ 잠시동안 앉아라!
咱们走吧！ 우리 갑시다!

3) 동사/형용사 + '着'

일부 단음절 동사는 "동사 + 着"의 형태로 상대에게 명령이나 요구를 할 수 있다. 의지를 가지고 동작을 지속할 수 있는 동사들에게 한해서 가능하다. 주로 부착 의미를 가진 동사들이 이에 해당한다.

看着！ 보고 있어요
等着！ 기다리고 있어요!
站着！ 가만 서 있어요!
坐着！ 앉아 있어요!
穿着! 입고 있어요!

일부 형용사의 경우에도 가능하다.

慢着！ 천천히 가(잠깐만 멈추시오!)

4) '别, 不要, 少'

금지를 나타내는 표현으로 '别, 不要, 少' 등이 있다.

不要客气！ 사양하지 마세요!
别过来。 건너오지 마세요!
少说废话！ 쓸데 없는 말은 삼가하세요.

'别~了'와 같이 어기조사 '了'를 대동하면 "앞으로 더이상 그렇게 하지말라"는 의미를 나타낸다.

别说话了。 더 이상 말하지 마.
别吃饭了。 더 먹지 마.
别扔了。 더 이상 버리지 마!

1.5 감탄문의 특징과 운용

문장에 감정을 어조나 어휘를 사용하여 구체적으로 표현하는 문장이다.
사용된 술어와 맞물려 기쁨이나 놀라움, 두려움, 슬픔 등의 감정표현이 드러난다.
주관적인 감정을 담아내는 감탄문의 주요 형식으로는 감탄사나 감탄을 나타내는 어기 조사, '太~了'구문, 부사 '可, 真, 多/多么, 好', 보어 표현 '极了' 등이 있다.

时间多快啊！ 시간 얼마나 빠른지!
他们多么伟大呀！ 그들은 얼마나 위대한가!
哎,太可惜了。 너무 안타깝구나!
你可真好！ 너 정말 너무 좋구나(좋은 사람)!
好极了！ 엄청나게 좋네요!
急死了！ 다급해 죽겠네.
哦,我明白了。 아, 알겠어요.

때로는 술어가 아닌 정도보어로 온 구문에 감탄 표현 어구와 함께 가능하다.

他说得多精彩啊！ 그사람 말하는 게 얼마나 멋진가!

추정의 의미를 나타내는 '该'를 함께 사용하기도 한다.

如果我能去,该多好啊！ 내가 갈수만 있다면 얼마나 좋을까!
他该多么高兴呀！ 그 사람이 얼마나 기쁘겠어!
你今后的日子该多么难呀！ 너 앞으로의 날들이 얼마나 어려울까나!

명사구 형식으로 감탄을 표현하기도 한다.

哇塞,好大的雨哟！ 와, 엄청난 비다!
好帅的男人啊！ 얼마나 멋진 남자인가!

감탄을 직접 표현하는 '真', '可' 등은 관형어로 오지는 않는다.

(X) 真多的书！
(X) 可多的书！

思考与练习

1. 진술문의 강조 형식으로는 무엇이 있는지, 예를 들어 설명해 보세요.

➜

2. 의문문을 표현하는 수단으로 무엇이 있는지, 예를 들어 설명해 보세요.

➜

3. 명령문의 형태로는 무엇이 있는지, 예를 들어 설명해 보세요.

➜

4. 조사 '**吧**'의 쓰임을 '평서문 · 의문문 · 명령문'으로 나누어 예를 들어 설명해 보세요.

➜

参考资料

范晓 2009『汉语句子的多角度研究』, 商务印书馆.

邵敬敏 1996『现代汉语疑问句研究』, 华东师范大学出版社.

赵微 2010『指令行为与汉语祈使句研究』, 上海社会科学院出版社.

袁毓林 现代汉语祈使句研究,

Xing, Xiaofang 2013《한·중 의문문의 대조 연구》, 이화여자대학교 석사학위논문.

고동 2014《한·중 요청표현 대조 분석 : 공손성을 중심으로》, 한양대학교 석사학위논문.

곽효동 2010《한중 의문사와 의문문의 대비 연구》, 충남대학교 석사학위논문.

김송애 2008《중국어 '什么'와 한국어 '무엇'의 대비연구》, 충남대학교 석사학위논문.

도야 2011《韓漢請求表達方式的語用對比》, 한국외국어대학교 석사학위논문.

劉歡 2012《한중 의문문의 반문용법 대조 연구》, 인제대학교 석사학위논문.

마지에 2010《한국어와 중국어 부정문의 대조 연구》, 한양대학교 석사학위논문.

석예 2013《한국어와 중국어 부정 표현 대비 연구》, 건국대학교 석사학위논문.

蘇雨 2012《한·중 완곡에 의한 공손표현 대조 연구》, 高麗大學校, 석사학위논문.

왕예 2010《한국어와 중국어의 의문문에 대한 화행이론적 대조 연구》, 영남대학교 석사학위논문.

왕위령 2010〈한·중 의문문에 대한 비교 연구〉, 문법 교육 제21호.

왕페이 2011《의문문에 대한 한·중 대조 연구》, 한양대학교 석사학위논문.

이사묘 2013《한·중 요청발화의 공손표현 연구》, 경희대학교 대학원 석사학위논문.

장방 2011《한·중 부정의문문의 대비 연구》, 충남대학교 석사학위논문.

혜청 2013《한·중 문장 종결 표현에 대한 연구》, 경남대학교 석사학위논문.

최연 2010〈한국어 교육 현장에서의 의문문 형태의 접근과 현황 - 중한 의문문 대조를 중심으로〉, 문법 교육 제12호.

鞠金城 2014《韩汉祈使句对比研究》, 上海外国语大学 博士.

金颖梅 2010《韩汉肯定祈使句对比》, 延边大学 硕士.

金颖梅 2013〈韩汉祈使句语用对比探究〉, 青年文学家 第36期.

代丽娟 2012〈韩汉反问句的语义分析〉, 佳木斯教育学院学报 第10期.

罗玲萍 2013《中韩感叹句对比研究》, 上海外国语大学 硕士.

吕礼强 2012《韩中疑问句对比分析》, 上海外国语大学 硕士.

娄珺 2008〈句法学角度:中韩反问句形态对比研究〉, 上海商学院学报 第6期.

侯文玉 2012《汉韩语疑问词对比研究》, 上海外国语大学 博士.

2 문장 유형 분석론(구조 기준)

主要论点

문장의 구조 이해 및 구조에 따른 분류는 무엇인지 살펴보자.
단문과 복문의 차이를 구별해 보자.
주술문의 주요 품사별 문형의 특징을 파악하자.

문장은 자신의 생각을 전달하는 단위로 가장 작은 단어에서부터 주어와 술어다 온전히 갖추어진 주술문까지 다양하게 존재한다. 심지어는 주어와 술어가 2이상씩 존재하고 단순히 하나의 관계만을 나타내지 않고 여러 관계를 함께 표현하는 다중 복문까지 그 구조의 복잡성이 다양하게 나타난다. 구조에 따른 문장 유형들을 다시 하위 분류해 보면 다음 표와 같다.

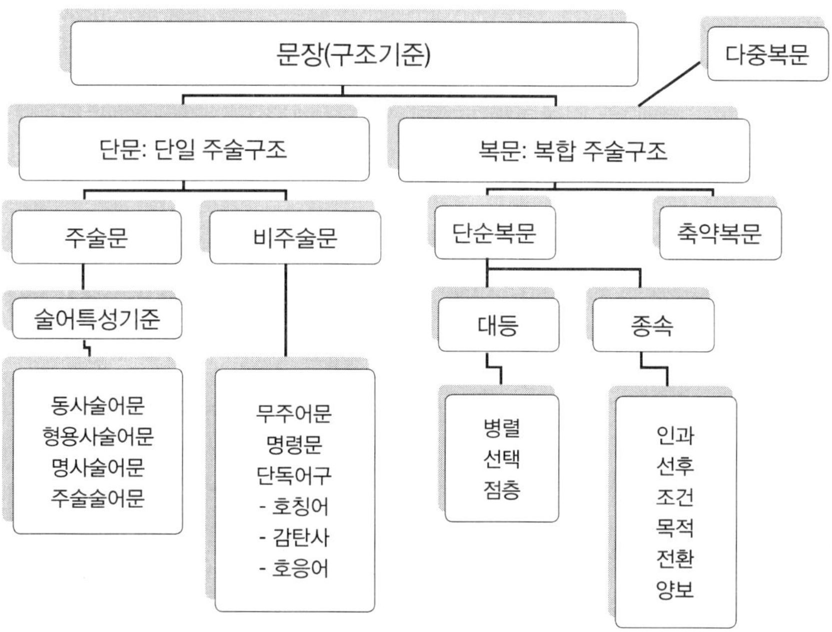

2.1 단문의 구조 분류

2.1.1 주술문과 비주술문

단문은 크게 주술문과 비주술문으로 나눌 수 있다. 문장은 크게 주어와 술어로 구성되어 있는데 주어는 주로 명사구를 중심으로 동작의 행위나 상태의 주체를 나타내는 외에도 술어의 설명 대상이 되고 술어는 각종 수식 성분들과 함께 하고 있는 복합체로 주어에 대한 설명을 담고 있다.

1) 주술문

주어와 술어를 갖춘 문장으로 다음 절에서 술어 유형에 따라 동사, 형용사, 명사, 주술 술어문 등으로 나누어 살펴보도록 한다.

2) 비주술문

주어와 술어를 제대로 못갖춘 문장이다. 주로 무주어문, 감탄문, 호칭어, 호응어 등에서 많이 보인다.

2.1.2 비주술문의 분류

1) 무주어문

날씨 등 자연현상과 관계된 문장들이다. 동사구 비주술문이 주류를 이룬다. 한국어로 보면 의미상의 주어 즉 주체가 목적어의 위치에 나온다는 특성을 가진다.

下雨了。비가 온다. 出太阳了。태양이 나온다.
刮风了。바람이 분다. 打雷了。번개가 친다.

자연현상이 아닌 새로운 사태의 출현을 나타내는 동사+목적어 구문의 형태도 있다.

上课了。수업 한다. 开会了。회의 한다.
起床了。일어난다.

2) 명령문

청자인 상대방에게 요구하는 문장은 이인칭인 청자를 생략한다.

请慢走！ 조심히 가세요.
去看看他！ 가서 그 좀 봐봐!
别说话！ 말하지 마세요.
不要乱动！ 함부로 움직이지 마세요.

상대방에게 축원하는 일인칭 화자 또는 대화참여자인 화자와 청자를 모두 포함하여 생략한다.

祝你健康！ 건강하세요. 일인칭 생략
为我们中韩两国人民的友谊干杯！ 우리 중국과 한국 두 나라 국민의 우의를 위해 건배!

3) 감탄문

화자의 감정을 드러내는 문장들에 비주술문이 많이 보인다. 명사구나 형용사구 감탄사 등 동사구가 아닌 비주술문이 많다.

① 명사구 비주술문

주변 상황으로 별도의 술어의 설명이 없이 이해되는 표현이다.
놀라움이나 기쁨, 간절함 등을 함께 표현할 수 있다.

火！ 불이야 / 蛇！ 뱀이닷!
水！ 물! / 冰！ 얼음!
好大的雪！ 엄청난 눈이다!
好漂亮的姑娘！ 아주 예쁜 아가씨네!
多好的朋友！ 얼마나 좋은 친구인가
多么美丽的传说！ 얼마나 아름다운 전설인가!
我的天哪！ 세상에

② 형용사구 비주술문

多美啊！ 참 아름답다
真棒！ 참 대단하다
好香啊！ 아주 고소하다
多么惭愧！ 얼마나 부끄러운가

③ 감탄사 비주술문

哎呀！ 아이 참
啊！ 아(놀람, 의외)

哎哟！ 아이고(난감) 哦！ 아하(깨달음)

3) 호칭어

인사나 안부를 묻거나 상대방을 확인할 때 사용하는 비주술문의 형태이다.

李老师！ 이선생님!(안녕하세요!, 오셨군요) 小姜！ 샤오쟁!(이리 와봐!)
张主任！ 장주임님!
喂! 여보세요!
汤唯！탕웨이!
宝贝儿! 아가!

4) 호응어

대화시 상대방의 말을 받아 주며 이어갈 때 자주 나오는 비주술문의 형태이다.

是 그래 行 그래 好 그래 不 아니야
当然 물론 可以 괜찮아 什么？ 뭐라고

5) 관용적인 인사 표현

对不起 미안해 谢谢 고마워
走好！ 잘 가 不敢当 천만에요

2.2 복문

2.2.1 복문의 분류

복문은 단순복문과 다중복문, 축약복문(紧缩句)으로 나누어 볼 수 있다.

1) 단순복문

복문이 두 개의 절로 구성되고 절과 절의 의미 관계가 대등한 대등복문과 종속절이 주절을 수식하는 종속복문으로 나눌 수 있다. 일반적으로 종속절은 앞에 오며 주절이 뒤에 온다.

대등 我一边吃饭, 一边看书。나는 밥을 먹으면서 텔레비전을 본다.
종속 即使你去, 我也不去。네가 가더라도 나는 안 간다.

2) 다중복문

다중절과 절의 의미 관계가 둘 이상인 복문을 말한다. 이중 복문을 먼저 보도록 한다.

因为文字是特权者的东西, ①[56]所以它就有了尊严性, ②并且有了神秘性。
문자는 특권자의 것이기에 존엄성이 생겼으며 아울러 신비성도 생겼다.

'因为~所以'의 인과 관계로 앞 뒤가 연결된 복문의 내부에 다시 점층 관계가 '并且'의 앞 뒤 절로 연결되어 있다. 다음은 세 겹으로 이루어진 다중 복문 구조이다.

[他不知怎么办才好,[[①于是[他只有不停地哭, ③并且不愿看任何人,任何东西];
②∅[57][他紧紧地闭着眼睛哭]]]。그는 어찌 할 바를 몰랐다. 그리하여 그는 끊임없이 울기만 하였고 누구도 어떤 것도 보려 하지 않았다. 그리고 그는 눈을 꼭 감고 울었다.

맨 처음 절과 그 다음절 이하 끝까지는 인과관계이며 인과 관계 내에서 병렬 관계를 이루고 다시 '并且'에 의해 점층 관계를 이루고 있다.

---

56) 원괄호 번호는 앞 뒤절이 연결되는 지점이나 연결시켜주는 접속사의 앞에 둔 것이다.
57) ∅는 접속 기능만 존재하고 어휘적으로는 부재함을 의미한다.

3) 축약복문

축약본문(紧缩句)는 단문보다는 복잡하지만 복문처럼 휴지가 오거나 접속사를 사용하지 않는다. 다만 필요에 따라 구조적으로 대등한 두 주술 관계가 부정부사 '不'나 접속부사 '就, 也' 등에 의해 결속될 수 있다. 자주 호응하여 사용하는 상용 표현으로는 '不～不, 不～就, 再～也, 不～也, 非～不, 一～就, 越～越～' 등이 있다. 단독으로 '就'나 '也'를 취하기도 한다.

① 긍정형 축약복문

小王一同陌生人讲话就脸红。샤오왕은 낯선 이와 이야기하면 얼굴이 붉어진다.
生姜越老越辣。생강은 오래될수록 맵다.
困难再大也得克服它。어려움이 아무리 더 크더라도 그를 극복해야 한다.
你想去就去。네가 가고 싶으면 가라.

② 부정형 축약복문

他不问不开口。그는 묻지 않으면 입을 열지 않는다.
明天不下雨就好了。내일 비가 안 오면 좋겠다.
老李不生病就来。라오리는 병 나지 않으면 올 거다.
你不吃饭就做作业。네가 밥을 먹지 않을거면 숙제를 해라.
小王非北大不考。샤오왕은 북경대가 아니면 시험보지 않는다.
这种病非开刀不行。이런 병은 수술하지 않으면 안 된다.
你不劳动也得劳动。네가 일하지 않는다고 해도 일해야 한다.

2.2.2 단순복문[58)]

1) 대등복문

절과 절이 사건이나 상태의 나열을 통해 비교적 대등한 의미 관계를 이룬다. 병렬, 선택, 점층의 세 가지로 나누어 볼 수 있다.

병렬 '一边~一边', '既~也', '也, 也', '一方面~, 一方面~'

一边吃饭 一边看电影。밥도 먹고 영화도 본다. [교차 동작]
我既不认识他, 也没见过他。내가 그를 알지도 못하고 그를 만난 적도 없다.
面包我也吃, 米饭我也吃。빵도 먹고 쌀밥도 먹는다.
这次来北京, 一方面向旅游, 另一方面也想看看朋友。
이번에 북경에 오는 건 한편으로는 여행하기 위해서이고 또 한편으로는 친구를 좀 보기 위해서이다.

선택 '不是 ~而是(就是)', '还是', '或者'

不是在办公室, 而是在教室。사무실이 아니라 교실에 있다. [후자 선택]
现在他不是在办公室, 就是在教室。현재 그는 사무실에 있지 않으면 교실에 있다. [양자 선택]
教我们英语的是李老师, 还是金老师?
우리에게 영어를 가르치시는 건 이 선생님인가 아니면 김선생님이신가?
他或者是日本人, 或者是韩国人。그는 일본인이거나 한국인이다.

점층 '不但 ~ 而且', '何况也'

不但小王会说日语, 而且小李也会说日语。
샤오왕이 일어를 말할 수 있을 뿐 아니라 샤오리도 일어를 말할 수 있다.
这本书很好, 何况也不贵, 所以我就买了。
이 책은 아주 좋아, 게다가 비싸지도 않아, 그래서 난 바로 샀다.

2) 종속복문[59)]

절과 절이 주로 수식-피수식의 주종 관계로 일반적으로 수식하는 절이 수식받는 절의

---

58) 대등과 종속의 개념 또한 절대적인 것은 아니고 의미 관계 또한 기준에 따라 그 수가 달라진다. 다소 편의적인 구분임을 감안하고 살펴야 할 것이다. 보다 자세한 여러 학자들의 복문의 분류에 관하여 赵恩芳(1998)의『现代汉语复句研究』를 참고할 것.

59) 종속 관계를 나타내는 접속사가 들어간 부분은 본고의 접속사 편도 참조. 예문 치환을 고려해 볼 것

앞에 위치한다. 절과 절의 의미 관계 또한 서로 긴밀하게 연결되어 있다.

인과 '因为(由于)~所以', '因此', '于是', '既然, 就'

因为明天要考试, 所以我要好好复习。
내일 시험을 봐야 하기 때문에 나는 제대로 복습해야 한다.

由于天气不好, 所以我们决定明天再走。
날씨가 좋지 않아서 우리는 내일 다시 가기로 결정했다.

看看离开会的时间还早, 于是我们去逛书店了。
좀 살펴보니 회의시간보다 아직 일렀었고 우리는 서점을 둘러보러 갔다오래.

既然你不喜欢, 就别买了。
네가 좋아하지 않는다면 사지 마라.

선후 '先~然后', '~, 后来'

您先讲话, 接着我说一句。
먼저 말씀하시죠. 이어서 제가 한 마디 할게요.

十年前我见过他一面, 后来我也不知道他去哪儿。
십 년 전에 나는 그와 한 번 본 적이 있고 그 뒤로는 그가 어디로 갔는지 모른다.

조건 '只有~, 才', '只要, 就'

只有外语好, 才能找到好工作。[필요조건]
외국어만 잘 해야지만 좋은 일자리를 찾을 수 있다.

只要外语好, 就能找到好工作。[충분조건]
외국어만 잘 하면 좋은 일자리를 찾을 수 있다.

不管下多大的雨, 我们都要去。
비가 아무리 많이 와도 우리는 갈 거야.

목적 '为了~' , '~, 为的是~'

为了学习英语, 他买了一本英语词典。
영어를 배우기 위해 그는 영어사전을 한 권 샀다.

我找了一个有知识有名气的丈夫, 为的是生活能安逸舒适。
나는 지식이 풍부하고 명성있는 남편을 찾았는데 생활이 안정되고 여유롭기 위해서였다.

전환 '虽然~ 但是 '

这个职业虽然很苦, 但是苦有苦的乐趣。

이 직업은 비록 아주 힘들지만 힘든 가운데서 오는 즐거움이 있다.

他虽然没有什么经验，但是工作做得很好。

그는 비록 별다른 경험이 없지만 업무를 아주 잘 한다.

양보 '即使，也'，'就是，也'

即使你去，我也不去。

네가 가더라도 나는 안 간다.

就是事情没有办，也要谢谢你。

일은 처리하지 못했더라도 너에게 감사해야 되겠다.

2.3 주술문

2.3.1 동사술어문

동사술어문은 동사 술어 외에 부사어가 붙어 동작행위의 모습을 구체화시킨다. 또한 목적어가 보어가 오기도 하고 동사 자체의 중첩을 통해 완곡한 표현을 한다.

1) 술어의 구성 형식

동사구 小王可能不来了。妈妈能五点下班。
샤오왕은 안 오는데 엄마는 5시에 퇴근할 수 있다.

술목식 我很喜欢你。我听说小王最近很忙。
난 너를 아주 좋아해. 나는 샤오왕이 최근에 아주 바빴던 거 같아.

술보식 你们都进来吧。他们玩了一个小时了。
모두 들어와. 그들은 한 시간 놀았어.

중첩식 明天不用上班，大家休息休息。
내일은 출근할 필요없으니 모두 좀 쉬세요.

2) 동사술어문의 어순

자동사 구문: S + V [주어 + 동사]

我唱。 나는 노래한다.

你听。너는 듣는다.
他们表演。그들은 연기한다.

타동사 구문: S + V + O [주어 + 동사 + 목적어]

我唱歌儿。나는 노래를 부른다.
你听广播。너는 일기예보를 듣는다.
他们表演舞蹈。그들은 춤을 춘다.

3) 동목이합어 술어문

'分手', '订婚', '见面', '聊天', '丢脸', '发火', '睡觉', '游泳', '抽空' 등 동목이합어는 내부 목적어의 존재로 인해 외부 목적어의 사용이 불가하다.

① 추가로 목적어 불가 ⇒ 전치사구 운용

从大学毕业。대학을 졸업하다.
跟她结婚。그녀와 결혼하다. [结V + 婚O]
给他看病。그를 진찰하다. [看V + 病O]

② 추가로 목적어 불가 ⇒ 관형어로 대상 표시

帮他的忙。그를 돕다. [帮V + 忙O]
生他的气。그에게 화내다. [生V + 气O]

③ 동목 이합어의 확장

조사나 관형어 표지 的 등에 의해 확장되어 동작의 실현이나 대상 목적어를 표시한다.

给我开玩笑。劳您的驾
给我帮忙 打他的主意
我碍你的事儿了吗? 你今天补什么课?
我要挂李教授的号。他这么做, 是想买大家的好。
别说了, 我不会上这个当的。
今天都上了什么课? 快去洗一洗你的脏手。
那是现你自己的丑, 知道吗?
她的一句话救了他的命。

4) 이중목적어구문의 술어문: 주어 + 동사 + 간목 + 직목 [S + V + O + O]

간접목적어와 직접목적어 두 개의 목적어를 취하는 동사로는 주다류, 말하다류, 얻다류가 있다. 그 수는 제한적이다. 동사의 간접목적어는 앞에 직접 목적어는 뒤에 위치한다.

주다류 [수여]	给 주다	送 보내주다	交 넘겨주다
얻다류 [획득]	借 빌리다	收 받다	偷 훔치다[43]
말하다류 [언변]	叫 부르다	告诉 알리다	通知 통지하다

老师 + 教V + 我们O + 汉语O。선생님은 우리에게 중국어를 가르친다.
他送V + 朋友O + 一件礼物O。그는 친구에게 선물을 준다.
哥哥 + V给 + 我O + 一个足球O。형은 나에게 축구공을 준다.
我们 + V称 + 他O + 老王师傅O。우리는 그를 왕 사부라 부른다.

세 가지 부류에 속하지는 않지만 서비스의 의미를 지닌 동사의 경우 직접적인 목적어 외에 '给' 전치사구를 써서 부사어로 동사 술어의 앞에 서비스 수혜를 받는 대상을 표시할 수 있다. ~를(~에게) + ~를 해 주다의 의미가 된다.

주어 + 전치사구 부사어 + 동사 술어 + 목적어 [S + PP + V + O]

给你介绍。너에게 소개하다.
给他打电话。그에게 전화를 걸다.
给她写信。그녀에게 편지를 쓰다.

5) 동사의 수식 성분

① 부사어

술어를 수식하는 부사어는 대개 동사나 형용사 앞에 위치한다. 동작의 시간, 장소, 범위나 목적 등을 표시하며 동작을 묘사하기도 한다.

주어 + 술어[부사어 + 중심술어(=동사술어) + 목적어]

他明天去上海。
그는 내일 상해에 간다. [명사]

她在屋里看书。
그녀는 방에서 책을 본다. [전치사구]
我们都游览长城。
우리 모두 만리장성을 유람한다. [부사]
他们常常打乒乓球。
그들은 자주 탁구를 친다. [부사]
他们热烈地欢迎我们。
그들은 열렬히 우리를 환영했다. [형용사]
他在家里愉快地度过了暑假。
그는 집에서 유쾌하게 여름휴가를 보냈다. [복수의 부사어]

6) 용언성 목적어 동사 술어문

화자의 바램이나 생각 등을 표현하는 동사는 용언성 목적어를 취한다.

愿意[去中国]。중국에 가고 싶다.
打算[看戏]。연극을 볼 예정이다.
认为[很好]。매우 좋다고 여기다.

용언성, 체언성 목적어를 모두 취하는 동사들도 있다.

看[书]。책을 보다.
看[他高兴]。그가 기뻐하는 것을 보다.
爱[他]。그를 사랑하다.
爱[跳舞]。춤추는 것을 사랑하다.

7) 동사술어문의 부정

① '不'를 동작동사 앞에 사용해 의지를 부정

我今天不看书。나는 오늘 책을 읽지 않겠다.
明天我们不去春游。내일 우리는 봄소풍 가지 않는다.

② 항상 일어나는 사실이나 습관 '不'

那个地方一年四季不下雨。그 곳은 일년 내내 비가 오지 않는다.

他不抽烟不喝酒。그는 담배도 술도 하지 않는다.

③ 관습적인 행위는 '不'로 부정

他从来不推辞。그는 여태까지 거절한 적이 없다.

④ 비(非)동작동사의 부정엔 '没'가 아닌 '不'로 부정

那时, 我不认识他。그때, 나는 그를 몰랐었다.
他不是我们公司的司机。그는 우리 회사의 운전기사가 아니다.

8) 소유동사 有

① 존재의미로의 확장

'有'는 소유: ~을 가지고 있다; ~가/이 있다 의 의미지만 존재 : ~에 있다의 의미를 나타낼 수도 있다. 이때 존재 동사 '有'의 목적어는 대개 화자가 잘 모르는 불특정한 대상이다.

我有电脑。나는 컴퓨터를 가지고 있다.
我有两个妹妹。나는 여동생이 둘 있다.
前面有一棵树。앞에 나무 한 그루가 있다.

② '有'의 부정은 '没(有)'로 한다.

我没有男朋友。나는 남자친구가 없다.
我没时间。난 시간이 없어.

③ '有'의 의문문

가. 정반의문문

你有没有男朋友? 너 남자친구 있니?

나. 의문대명사 의문문

你有什么词典? 너 어떤 사전을 갖고 있니?
你们班谁有中国朋友? 너희 반에서 누가 중국 친구가 있니?

9) 동사술어문 '是'

① 관계동사 '是'의 의미

동사 '是'는 말하는 이의 인정 판단을 나타내는 동사이다. 비동작동사라고 할 수 있으며 주어와 목적어가 동일 관계 또는 포함 관계를 나타낸다.

我是韩国人。 나는 한국인입니다.
他是中国人。 그는 중국인입니다.
他们都是欧洲人。 그들은 유럽인입니다.

② '是'의 부정은 '不'로 한다.

가. 관계 부정

他不是老师。 그는 선생님이 아니다.
他们不是学生。 그들은 학생이 아니다.

나. '都'의 위치와 부정 범위 비교

전체부정 : **'都不~'** 모두 ~가 아니다.
这些都不是苹果。 전부 사과가 아니다.

부분부정 : **'不都~'** 모두가 ~인 것은 아니다.
这些不都是苹果。 전부(가) 사과는 아니다.

③ '是'의 의문문

가. '吗' 의문문

这是闹钟吗? 이것은 알람시계입니까?

나. 정반의문문 = 동사 긍정형과 정형 병렬한다.

这是不是闹钟? 이것은 알람시계입니까?

다. 의문대명사 의문문

묻고 싶은 부분에 해당 의문대명사로 삽입

他是谁? 그는 누구입니까?

라. 선택의문문

这是你的还是她的? 이것은 당신 것입니까, 그녀 것입니까?

④ 강조 동사 '是'

온전한 술어문에 강조를 위하여 사용한다. '是'는 말하는 이의 인정이나 판단을 나타낸다. '是'를 넣음으로써 말하는 이의 '내 생각에는' 이라는 인정이나 주장 표현할 수 있다.

他是很聪明。그는 매우 총명한 사람이다.
是下雨了, 不偏你。정말로 비가 내렸어, 속인게 아니야.
这种办法是快, 不是慢。이런 방법이 빨라, 안 늦어.
他是不想离开你。그는 너를 떠나고 싶지 않는 거야.

이때 말하는 이 기분 나타내는 부사와도 자주 쓰인다.

他大概是想看戏。그는 아마 연극을 보고 싶은 듯 하다.
十天盖好一座大楼, 简直是奇迹。10일 안에 빌딩을 완성하다니 정말이지 기적이다.

2.3.2 형용사술어문

형용사 술어문은 성질형용사와 상태형용사가 만드는 두 종류가 있다.

1) 상태형용사 + '的'

상태형용사는 '的'를 붙여서 어떤 사실에 대해 생생하게 구체적인 묘사를 할 수가 있다.

屋里静悄悄的。[60] 방안이 아주 조용하다.
孩子的脸红红的。아이의 얼굴은 제대로 붉어졌다.
他个子高高的。그는 키가 아주 크다.

60) 형용사의 중첩형태를 하나의 단어로 보아 상태형용사라 한 것이다.

2) 정도부사 + 성질형용사

사람과 사물의 성질이나 속성을 나타내는 형용사는 술어가 되기 위해서 '很', '非常' 등의 정도부사가 필요하다. 성질 형용사는 화자의 발화시의 심리 태도를 정도의 확정과 더불어 표시한다. '很'은 문법적 필요에 의해 들어가므로 '매우'라는 의미를 가지지 않고, 가볍게 읽어 넘긴다. 물론 '很'을 강하게 읽으면 '매우'라는 뜻을 나타내기도 한다.

今天很冷。오늘은 춥다.
她很瘦。그녀는 야위었다.
这个孩子真可爱。이 아이는 참 귀엽다.
这个东西有点儿贵。이 물건은 좀 비싸다.

3) 성질형용사의 단독 사용

성질형용사 단독 사용하면 비교, 대조의 의미를 띈다.

今天很冷。오늘은 춥다.
(昨天暖和) 今天冷。오늘은 (어제 비해서) 춥다.

4) 형용사 술어문의 구조

① 정도부사 + 형용사 = 형용사구

这个苹果真红。이 사과는 참 붉다.

② 술보구조

夏天热极了。여름에는 대단히 덥다.

③ 중첩구조

房间里干干净净了。방안이 아주 깨끗해졌다.

5) 형용사 술어문의 부정(否定)

① 부정부사 '不'를 형용사 앞에 붙인다. 상태형용사는 부정형을 쓰지 않는다.

她的头发不长。그녀의 머리는 길지 않다.
他不舒服。그는 불편하다.

② 정도부사와 '不'는 어순 차이로 인해 의미 차이 발생

她姐姐不很漂亮。그렇게 예쁘지는 않다.
她姐姐很不漂亮。전혀 예쁘지 않다.

6) 형용사 술어문의 의문문

① '吗'의문문 : 형용사 + '吗'

这个苹果甜吗? 이 사과는 답니까?

② 정반의문문(正反疑問句)

형용사 긍정형 + 형용사 부정형
这个苹果甜不甜?

③ 의문문

범위나 정도는 나타내는 부사 '也, 都, 很'은 '吗'의문문가능하나 정반의문문이나 선택의문문에서는 사용이 불가하다. 이는 긍정문 단언 또는 전제하고 그 정도 심화를 묻기 때문이다.

这个苹果也甜吗? (X) 这个苹果也甜不甜?
这些苹果都甜吗? (X) 这些苹果都甜不甜?
那个苹果很甜吗? (X) 那个苹果很甜不甜?

④ 선택의문문 : 접속사 '还是'

你的词典厚还是薄？ 네 사전은 두껍니? 얇니?
这本书容易还是不容易？ 이 책은 어렵니? 안 어렵니?

⑤ 의문사

주어나 술어를 의문사로 바꾸어 물어 볼 수 있다. 성질, 방법, 상태 등이 어떤 정도

인지를 묻는 의문문으로 '怎么样'으로 물어볼 수 있다.

가. 주어 의문: 상태의 주체에 대한 의문

谁最漂亮？ 누가 가장 예쁘니?

나. 술어 의문: 주체의 상태에 대한 의문

天气怎么样? 날씨가 어때?

他最近怎么样? 그는 최근에 어때?

일반적으로 대답은 '很好', '还好'와 같이 부사를 붙여서 대답한다.

2.3.3 명사술어문

명사구가 '是' 없이 명사나 명사구, 수량구가 그대로 술어가 되는 문장이다. '是'를 환원하여도 모두 성립하므로 '是'자문의 생략형이 구어에서 발전된 형태라고 할 수 있다. 주로 연월일, 본적, 연령, 수량, 시간 등의 경우에 생략한다.

1) 명사구 술어의 의미

她二十三岁。	그녀는 23세이다.	나이
小金八岁。	샤오진은 8살입니다.	나이
明天星期天。	내일은 일요일이다.	요일
今天九月三号。	오늘은 9월 3일이다.	날짜
他北京人。	그는 베이징 출신이다.	본적
他上海人。	그는 상하이 사람입니다.	본적
十五个人一班。	15명이 한 반입니다.	수량
现在几点？	지금은 몇시입니까?	시간
今天阴天。	오늘은 흐린날이다.	날씨
明天春节。	내일은 설날이다.	명절
一公斤两块五毛钱。	1키로에 2원 50전이다.	가격
她黄头发、蓝眼睛。	그녀는 노란 머리에 파란 눈이다.	신체 특징

2) 명사술어문의 부정

'是'자문과 마찬가지로 '不是'로 한다.

今天不是星期六。 오늘은 토요일이 아니다.
我不是二十岁。 나는 스무살이 아니다.
(X) 我不二十岁。

2.3.4 주술술어문

술어가 주술구로 되어 있는 문장을 일컫는다. 전체 문장의 주어를 대주어, 술어 안의 주어를 소주어, 전체 문장의 술어를 대술어, 술어 안의 술어를 소술어라고 한다.

1) 주술술어문의 구조와 형식

중괄호를 써서 주술술어문의 구조를 나타내면 다음과 같다. [대주어 + 대술어[소술어 + 소주어]] 대주어에 대해 소주어와 소술어로 구성된 대술어가 설명이나 묘사를 하는 문장 형식이다.

2) 형용사 주술 술어문

兔子尾巴很短。 토끼는 꼬리가 짧다.
[兔子[尾巴 + 很短]]
他身高一米八(十)。 그는 키가 1미터 80이다.
[他[身 + 高一米八(十)]]

3) 동사구 주술 술어문

这个电影我看过。 이 영화는 내가 본 적 있다.
[[这个电影][我 + 看过]]

4) 화제화 주술 술어문

管理工作, 我是个外行。관리업무는 나는 문외한이다.
[管理工作 + [我 + 是个外行]]

5) 주술술어문의 부정과 의문

부정문은 대술어가 아닌 소술어를 부정하여 만든다.

他 个子 不 高。

의문문은 전체문장의 문미에 의문 어기조사 또는 소술어의 긍정부정형, 의문사 술어를 만든다.

他 个子 高 吗?
他 个子 高 不 高?
他 个子 高 还是 矮?
他 个子 怎么样?

问&答

问 : 一边~, 一边은 동시동작을 표현하는 복문인데 단문의 연동문 V着V와는 어떻게 다른건가?

答 : 一边~, 一边은 교차적으로 반복적으로 진행되는 상황에 쓰인다.

一边看电视, 一边做练习。텔레비전을 보면서 숙제를 한다.
他一边想, 一边写。그는 생각하면서 쓴다.

한편 연동문 V着V는 동작행위가 앞동사가 뒷동사의 배경이자 방식을 의미하는데 두 동작이 동시 유지 가능한 경우에 쓰인다.

他站着看书。그는 서있는 채로 책을 본다.
(X) 他喝着茶看报。그는 차를 마시며 신문을 본다.

한편 (X) 他笑着说。는 불가하지만 他笑着说两句 (O)는 짧은 시간이므로 가능하다.

思考与练习

1. 다음 괄호 안에 설명이 맞으면 'O'를, 틀리면 'X'를 넣으세요.

① "下大雪了"는 주어가 술어 뒤에 위치하는 '주술문'이다. (　　)

② 갑자기 나타난 사물.사람을 말하거나 무언가를 요구할 때, 상대방을 부르거나 대답할 때는 하나의 단어로도 문장을 구성할 수 있다. (　　)

③ 조건문에서 결과보어가 오면 '不'를 사용하여 부정할 수 없다. (　　)

④ 복문은 다른 문장의 주어나 목적어로 쓰이지 않는 단문으로 구성된다. (　　)

⑤ 조건관계를 나타내는 복문으로 필요조건을 나타내는 "只有…,才…", 충분조건을 나타내는 "只要…,就…", 무조건을 나타내는 "不管…,都…"구문이 있다. (　　)

2. 다음 문장의 술어유형에 주의하여, 각각의 의문문과 부정문을 써 보세요.

① 马老师台湾人。➜ ______________________

____

② 这个房间很大。➜ ______________________

____

③ 他很喜欢打篮球。➜ ______________________

____

③ 张三说话很快。➜ ______________________

____

3. "他个子高，腿长，胳膊长，头发很短。"를 대주어, 대술어, 소주어, 소술어로 구분해 보세요.

➜

4. 다음 문장을 해석해 보세요.

① 他虽然年纪小，但是胆子不小。

➜

② 因为这儿风景优美，所以游人很多。

➜

③ 我既不认识他，也没见过他。

➜

④ 即使明天小雨，我们也要去。

➜

⑤ 要是他在这儿，那可就好了。

➜

5. 다음 비주술문의 쓰임과 문장 해석을 써 보세요.

① 快跑, 着火了! ➜ ______

② 唉! 我真倒霉。➜ ______

③ 好香的咖啡啊! ➜ ______

6. "我们都知道, 她工作积极, 学习努力。"의 복문여부를 판단하고 근거를 써 보세요.

➜ ______

7. 다음 문장을 '주어 술어 분석론'에 근거하여 분석해 보세요.

①

주어	술어
我	昨天收到中国的老朋友转来的一封电子邮件。

②

주어	술어
在美国的哥哥	也给我寄来了好多礼物。

8. 다음 문장에서 틀린 부분을 지적하고, 틀린 이유를 설명해 보세요.

① 老师一方面讲着，一方面写着。

➜

② 因为老师的帮助，因此我顺利通过了考试。

➜

③ 但是戒烟也很不容易，吸烟对人体健康非常有害。

➜

参考资料

范晓 1998『汉语的句子类型』, 书海出版社.

邢福义 2001『汉语复句研究』, 商务印书馆.

余敏、赵显昊 2013『韩国留学生现代汉语有标复句习得及选择策略研究』, 华中师范大学出版社.

肖任飞、储泽祥 2010『现代汉语因果复句优先序列研究』, 中国社会科学出版社.

姚双云、邢福义 2008『复句关系标记的搭配研究』, 华中师范大学出版社.

李临定 2011『现代汉语句型(增订本)』, 商务印书馆.

赵恩芳、唐雪凝 1998『现代汉语复句研究』山东教育出版社.

루찐 2012《한 · 중 문장성분 생략의 비교 연구》, 선문대학교 석사학위논문.

김세희 2009《中國語 主謂謂語句와 韓國語 二重主語文 및 主題文의 對照 研究》, 단국대학교 석사학위논문.

김아영 2007〈현대 중국어 무표지 조건문 연구 : 한국어 연결어미 '-(으)면'으로 해석되는 조건절을 중심으로〉, 中國文學 제52호.

김아영 2009〈중-한 번역에서 복문의 번역방법 : 절의 전환을 중심으로〉, 中國語文論譯叢刊 제25호.

김희곤 2004《現代中國語 名詞述語文 研究》, 성균관대학교 석사학위논문.

송남남 2008《한국어와 중국어의 문형 비교 · 대조 연구》, 충남대학교 석사학위논문.

쑤원쥬엔 2010《한국어와 중국어의 문장연결 비교 연구 : '-고, -면서'를 중심으로》, 청주대학교 석사학위논문.

이정임 2009《현대중국어 동사술어문의 의미관계연구 : 한국어 격조사 '이/가'와 '을/를' 대조를 중심으로》, 부산외국어대학교 석사학위논문.

조은숙 2006《중국어 목적어와 이에 대응되는 한국어 성분》, 한국외국어대학교 석사학위논문.

진준화 2013〈한국어와 중국어 문장 의미어순 배열에서 나타나는 인지메커니즘〉, 한민족문화연구 제44호.

황병강 2013〈조선어 인과관계복합문과 중국어의 대응형식〉, 중국조선어문 제184호.

梁媛 2012《韩中条件复句对比》, 延边大学 硕士.

舒婧恒 2012《韩国语对立转折复句在汉语中的对应研究》, 延边大学 硕士.

席亚楠 2013《韩国语连语在汉语中的对应关系研究》, 延边大学 硕士.

苏荣珂 2013《韩汉翻译中的句子成分转换研究》, 中国海洋大学 硕士.

任惠淑 2009《汉韩让步复句对比》, 延边大学 硕士.

崔凤娘 2013〈汉语主谓谓语句与韩语相应句式的对比〉, 华文教学与研究 第03期.

3 특수 구문 분석론

主要论点

문형들이 생성하는 특수의미가 무엇인지 살펴보자.
존현문의 주요 특징을 살펴본다.
'被'자문의 운용 상황을 이해한다.
'把'ba자문의 운용 상황을 이해한다.
연동문(+ 겸어문) 운용 상황을 이해한다.
비교문의 운용 상황을 이해한다.

3.1 존현문

3.1.1 존재문

1) 존재표현 동사 '有, 在, 是'의 형식과 구조

장소에 존재물이 있다를 표시하는 대표적인 동사는 '有 · 在 · 是'의 셋이 있다. 이들의 형식과 구조는 다음과 같다.

구분	동사	형식	구조
있다	有	장소 + 有 + (불특정)존재물	墙上有一张照片。 家里有两只猫。 桌子上有三本书。
	在	특정 존재물 + 在 + 장소	他在屋子里。 你的词典在书架上。
이다	是	장소 + 是 + 존재물[원형명사]	书包里都是书。 食堂前边是学生宿舍。

2) 有와 是의 비교

桌子上(有 / 是)书。책상 위에 책이 (있)다.

위 문장에서 '有'는 책상 위에 물건이 있는 지 없는지 조차 모르는 상황에서 사용하고 '是'는 책상 위에 물건이 있는 지 아는 상황 그것이 무엇인지 물어보는 것이다.

① '有'와 '是'의 착안점 상이

가 '有' 소유 불확정성

묻는 사람이 물건이 있는지 없는지 모르고 또 무슨 물건이 있는지도 모름

나. '是' 단정 존재의 인정

무언가가 있다는 걸 알고 있지만 무엇인지 모름

② '有'와 '是'의 배타성 차이

柜子里是她的衣服。그녀의 옷만 존재
柜子里有她的衣服。그녀의 옷 외에 존재 가능성 있음

③ '有'와 '是'의 공간 점유 면적의 차이

'有' 존재하는 사물이 정해진 공간의 일부분 ⇒ 대부분
'是' 존재하는 사물이 정해진 공간의 대부분

大楼前面有两棵树。큰 빌딩 앞에 두 그루의 나무가 있다.
*大楼前面是两棵树。

河上有几条小船。강 위에 몇 척의 배가 있다.
*河上是几条小船。

大楼前面有一个广场。큰 빌딩 앞에 광장이 하나 있다.
= 大楼前面是一个广场。
我家门前有一条小河。우리 집 문 앞에 작은 강이 하나 있다.
= 我家门前是一条小河。

图书馆旁边是一片树林。[一片 = 전체의미] 도서관 옆은 온통 숲이다.

校门口有一辆小汽车。 학교 문 앞에 자동차가 있어요.
树上有两只鸟。 나무 위에 새가 두 마리 있어요.
院子中间有一个花坛。 뜰 가운데 화단이 하나 있어요.

3) '在', '有'의 비교

① '在' 어순

[한정] 명사(사람 · 사물)구 + 在 + 장소구(방위 · 장소)

词典在书架上。 사전은 서가에 있어요.
他们在前边。 그들은 앞쪽에 있어요.

② '有' 어순

장소/시간구 + 有 + [비한정/한정]명사구

屋里有两个人。 방 안에는 두 사람이 있어요.
教室里有很多学生。 교실에는 학생들이 아주 많이 있어요.

3.1.2 존현문- 존재, 출현과 소실

'有' 구문과 형태상 동일하다. 존재 '有'를 구체적 묘사하는 느낌의 문장이다.

1) 존재

这一带有不少中国学生。 이 일대에는 중국 학생들이 많이 산다.
这一带住着不少中国学生。 이 일대에는 중국 학생들이 많이 살고 있다.
窗台上摆着几盆花。 창턱 위에 화분이 몇 개 놓여있다.
院子里摆满了花盆。 정원에 화분이 가득 늘어서 있다.

2) 출현과 소실

공간(장소) or 시간 + 동사 술어 + 사람/사물

〈출현〉 我们学校来了一位新老师。우리 학교에 새 선생님이 한 분 오셨다.
〈출현〉 前边走过来一个女孩儿。앞에서 한 여자 아이가 걸어와요.
〈소실〉 最近我们学校又走了一位教授。최근에 우리 학교에 교수 한 분이 또 떠나셨어요.
〈소실〉 小李丢了一辆自行车。샤오리는 자전거 한 대를 잃어버렸어요.

3) 출현, 소실에 자주 사용되는 동사1

① 자세류 동사: 존재 사람이나 사물의 정지된 동작을 나타내는 동사

蹲 웅크리다
挤 꽉 차다
漂 떠다니다
停 정지하다
卧 눕다
坐 앉다
浮 뜨다
靠 기대다
躺 눕다
围 둘러싸다
站 서다

② 배치류 동사

摆 진열하다
堆 쌓다
挂 걸다
排 줄서다
装 담다
插 끼우다
放 두다, 놓다
盖 덮다
贴 붙이다

③ 사람이나 사물의 이동을 나타내는 동사

屋里跑出来一个人。처럼 동보식(동사 + 방향보어)의 문장 구조를 보여준다.

搬 이사 가다
落 떨어지다, 빠지다
脱 벗다
掉 떨어지다
跑 달리다, 달아나다
走 걷다, 떠나다

④ 출현이나 소실 그 자체를 나타내는 동사

出现 출현하다
发生 발생하다
死 죽다
发 폭발하다
生 낳다

3.2 把자문

3.2.1 '把'자문의 특성

1) '把'구문 전환

'把'자문은 능동문의 동사 술어의 객체인 목적어를 '把'와 결합하여 동사 앞으로 끌어내 부사어 역할을 하도록 한 문장이다.

타동사 능동문	把자문
小偷偷走了我的新自行车。	小偷把我的新自行车偷走了。
老师批评了小王一个小时。	老师把小王批评了一个小时。

把자문으로 바꾼 능동문을 보면, '偷走'처럼 결과보어가 출현하여 동작의 결과를 보여주거나, '一个小时'처럼 시량보어가 출현하여 동작이 이루어진 시간량을 나타낸다. 또한 '偷走了', '批评了'처럼 처치로 이미 실현된 상황에 쓰인 '了'를 동반하고 있음을 알 수 있다.

2) '把'자문의 조건과 구조

① 주어의 등장

'把'자문은 주어인 주체가 목적어인 사물에 행위 · 처치를 가함을 강조해 표현하는 문장이다. 중국어 주어는 본래 담화상의 화제로서의 자격도 갖추고 있으며 가해자 즉 처치를 가한 입장에서 출발해 사건을 바라보는 관점을 제공한다.

② 특정의 '把' 목적어

목적어는 특정의 존재이자 이미 존재하고 있는 객체이다. 목적어가 특정됨 없이 동작을 통해 무언의 결과를 얻어낼 수는 없을 것이다. 그것이 처치를 강조하는 문장이라면 더더욱 말이다.

③ 부가성분의 필요

그렇기 때문에 동작행위의 결과에 해당하는 부가 성분이 동사 뒤에 뒤따라 나와야 한다. 앞세 전환으로 설명한 타동사 능동문 또한 '把'자문으로 전환이 가능한데 이 때도 부가성분을 요구한다. 동사 술어의 뒤에는 행위 처치의 결과와 관련된 부가 성분이 출현한다. 동사 혼자서는 올 수가 없다. 주로 사용되는 표현은 위치의 이동, 상태의 변화나 동작의 결과를 표현하는 경우에 사용된다.

이상을 예문과 함께 구조화해 살펴보면 다음과 같다.

주어	把	목적어	V	부가성분
小张	把	作业	交	了。
弟弟	把	电脑	用	坏了。
我	把	你要的书	带	来了。
妈妈	把	房间	打扫	得干干净净的。
小李	把	今天学的课文	写了	三遍。
我	把	朋友	送	到了机场。
小王	把	中文	翻译	成英文。
你	把	他的情况	介绍	介绍。

부가되는 형식은 동태조사 '了', 보어(결과보어, 방향보어, 수량보어, 정도보어), 전치사와 목적어, 동사의 중첩형 등이다.

4) 문형별 사건을 바로 보는 관점의 차이

중국어에서는 동일한 사건에 대하여 바라보는 관점의 차이에 따라 동사술어문(主动宾), '把'자문, '被'자문, 동사중복문(重动句) 등을 선택하게 된다.

화제화시켜 이야기의 중심 대상을 끌어내려면 화제문을, 가해자[61]를 사건의 출발점으로 삼아 목적어를 특정 대상으로 끌어 올리려면 '把'자문을, 사건 속 대상을 일

61) 여기서 동작행위를 통해 상호 영향을 주고 받는 관계를 가해자, 피해자란 명칭으로 바꾸었는데 기존의 동작 주체, 동작 객체에 상응하는 개념이긴 하나 被자문의 여의치 않은 바람직하지 않은 행위를 입는 상황을 포함시켜 다루고자 편의상 쓴 명칭이다.

반화시켜 설명하려면 동사중복문을, 피해자를 이야기의 중심에 세워 가해자와 함께 보여주려면 '被'자문을 선택하면 된다. 주동목 구조 즉 주어, 동사, 목적어 어순의 술어문은 고의성을 가지는데 동작행위자와 동사 술어와의 거리와도 관계 있어 보인다. '把'자문처럼 동사 술어와 떨어지면 고의성이 없는 것으로 판단된다.

사건을 바라보는 관점의 차이[62]

주어 + 술어 + 목적어	把자문	화제문	피동문	동사중복문
전체 사건 기술 설명 (고의성 증가)	행위자 부각 행위 대상 특정 동작결과에 초점 (고의성 감소)	화제 제시 알려진 특정대상에 대한 대조 설명	불쾌한 사건 발생의 특정 피해대상 부각	일반적 대상
我打破了花瓶。 나는 꽃병을 깨뜨렸다. 妈妈, 妹妹打破了一个杯子。 A: 小王做什么呢? 샤오왕은 뭐해? B: 他复习功课呢。 걔 배운거 복습해. A: 小李道哪儿去了? 샤오리는 어디 갔지? B: 他看电影去了。 걔는 영화보러 갔지. A: 你刚才做什么了? 너 방금 뭐했어? B: 我关上窗户了。 난 창문을 닫았지.	妹妹把那个碗打破了。 妈妈, 妹妹把您刚买的杯子打破了。 你怎么把花瓶打破了? 谁把花瓶打破了? 洗衣服把手都洗疼了。 A: 你刚才做什么了? 너 방금 뭐했어? B: 我把窗户关上了。 네가 알고 있는 그 창문 말이야 내가 닫아 치웠어. 他把猪养得很好。[특정] 그는 그 돼지를 아주 잘 기른다. 他把话说得很清楚。 [특정] 그는 그 말을 아주 분명하게 하였다.	那个碗[话题] + 打破了。 A: 怎么不用妈妈新买的杯子? B: 那个杯子打破了。	那个碗叫妹妹打破了。 그 그릇은 여동생에 의해서 깨졌다.	他养猪养得很好。[일반] 그는 돼지 기르는 일을 잘한다. 他说话说得很清楚。[일반] 그는 말하는게 아주 분명하다.

3) '把'자문의 의미 특징

① 주어는 동작의 가해자(처리자)이며 목적어는 동사의 피해자이며 전체 문장에 처치

62) 刘月华(2001), 实用现代汉语语法, 商务印书馆이나 박종한 외(2013), 중국어의 비밀, 궁리에서 문법의 몇 가지 원리편 등을 참조

의 의미가 있는 문장이다.

大家都把雨衣穿好了。모두 비옷을 다 잘 입었다.
我也把那件事情忘了。나도 그 일을 잊어버렸다.
她把头发剪短了。그녀는 머리를 짧게 잘랐다.

② 뒤의 동사로 '忙, 累, 急, 气' 등이 출현하면 전체 문장에 사역의 의미가 있다. 정도보어를 써서 정도의 심화를 표현한다. 또한 목적어가 뒤 동사의 행위자이며 전체 문장은 여의치 않은 일을 의미한다.

他把我气得要死。그는 나를 죽도록 화나게 만들었다.
真把我急坏了。정말 나를 조급하게 만든다.
怎么把犯人跑了! 让犯人跑了! 어째서 범인이 도망가도록 했니!

③ 목적어는 이미 알고 있는 특정의 대상으로 일반 주어-술어-목적어 구문에서와는 다르다.

爸爸把那杯啤酒喝了。↔ 爸爸喝了一杯啤酒。
我把那碗汤喝完了。↔ 我喝完了一碗汤。

④ 목적어가 술어동사의 직접 처치 대상이 아닐 수도 있다.

我把全上海都跑遍了。나는 상해를 온통 다 돌아다녔다. [장소]
他把脸喝红了。그는 얼굴이 술을 마셔서 붉어졌다. [결과보어의 의미상 주어]
↔ 他把酒喝光了。

5) '把'구문 사용 불가 동사와 형식

모든 동사들이 '把'자문을 취할 수는 없는데 대표적인 동사들을 들어보면 아래와 같다.

① 목적어를 가지지 않는 자동사

– 合作, 旅行, 游泳

② 판단, 상태를 나타내는 동사

– 是, 像, 有, 在

③ 지각 심리활동의 동사

– 知道, 相信, 希望

④ 방향을 나타내는 동사

– 上, 下, 出, 回

(X) 我们都把这些事情知道了。
(X) 我把家回了。

⑤ 가능보어 형식 불가

(X) 他把作业做得完。
(X) 我把电影的内容记不住。

⑥ 경험 동태조사 '过'는 불가

(X) 我把上海去过三次。

6) '把'자문의 부정과 조동사

① 부정

'不' '没(有)'로 부정이 가능하며 위치는 "把"의 앞에 놓인다.

不/没 + [把 O V...]

중국어는 '把'이하 전체를 '不'나 '没'로 부정한다. 동사 술어 앞에 사용하면 성립하지 않는다.

我没把今天的作业做好。 (X) 我把今天的作业没做好。
同学门不把老师放在眼里。 (X) 同学门把老师不放在眼里。

② 조동사

조동사도 '把' 앞에 위치한다.

我要把房间收拾一下儿。나는 방을 좀 청소하려고 한다.
你应该把这些东西带过去。너는 이 물건들을 가지고 가야 한다.

7) 의문의 형태

일반적으로 '吗'를 많이 사용한다.

大家都把作业带来了吗? 모두 숙제를 가져왔니?

'把'를 반복시키는 정반의문문도 가능은 하다.

Vbu / meiV [VP]le + meiyou ?
大家都把作业带来了没有?

8) '把'자문의 확장 구조

① 把 + O + V + 在 / 到 + 장소

동사가 결과보어 '在' '到'를 동반하되, 그 뒤에 장소목적어가 있고, 어떤 사물이나 사람이 그 장소에 있음을 나타내는 경우, '把'자 구문이 자주 사용된다.

你把衣服挂在柜子里。너는 옷을 옷장 안에 걸어라.
我把这些书送到首尔去了。나는 이 책들을 서울에다 보냈다.

② 把 + O + V + 成 + 변화된 것

我们都把这里当成自己的故乡了。우리는 모두 이곳을 자신의 고향으로 여겼다.
小李把头发染成黄色的了。샤오리는 머리를 황색으로 염색했다.

그 밖에 구문에 자주 쓰이는 동사 '当做 dàngzuò'(~로 하다), '叫做 jiàozuò' (~라고 하다), '看做 kànzuò'(~라고 보다)

他把我当作朋友。그는 나를 친구로 여긴다.
我父母一直把我看做小孩子。우리 부모님은 줄곧 나를 어린아이로 여기셨다.

大家都把她叫做"韩国来的阿姨。 모두 그녀를 한국에서 온 이모라고 불렀다.

③ 把 + O + V + 给 + 대상 / 장소

어떤 사물 O가 동작을 통해 상대에게 건네지는 것을 표현하고 싶을 때의 '把'구문이다.

你把钱还给我。 너는 돈을 내게 돌려줘라.
我把这朵玫瑰花送给她吧。 나는 이 장미꽃을 그녀에게 보낸다.

问&答

问 : '把'의 부정이 항상 앞에만 오는가?

答 : 숙어성이 강한 고정된 표현법에서는 부정사가 '把'뒤에 오는 수가 있다.

他 把 谁 都 不 放在 眼里。
그는 누구도 안중에 없다.

여기서 "谁都不"는 "의문사 + 都 + 부정"이라는 관용적인 어구이므로 不가 전치사 앞으로 나가지 못하였다.

问&答

问 : 문장 중에 '把' 뒤에 수량사구 "一个" 형식이 오기도 하던데 특정한 것만 목적어로 오는 것 아닌가?

答 : 일반적인 현상을 설명하거나 새로운 대상임을 이미 밝히는 언질을 한 경우에는 그 새로움이 희석되어 가능하기도 하다.

把 一 个 青年 培养成 有用 的 人材 不是 件 容易 事。[일반]
한 사람의 청년을 쓸모있는 인재로 키우는 건 쉬운 일이 아니다.

我不小心把一個小孩兒撞傷了.
내가 조심하지 않아서 한 아이를 부딪혀 다치게 했다.

의도치 않음을 不小心에서 담아내고 있으므로 자연스럽게 성립한다.

3.3 '被'자문

3.3.1 피동문과 '被'자문

피동이란 수동이라고도 한다. 타동사 능동문에 대응하여 동작 주체가 '被' 등의 전치사에 의해 부사어가 되거나 동작주의 표시 없이 목적어에 해당하는 동작의 영향을 받는 객체가 주어 자리에 화제를 겸하여 사용되는 구문을 피동문이라 한다. 이다. 중국어에서 동작주를 표시하는 전치사가 바로 '被자'이며 '被'자로 구성되는 구문을 '被'자문이라 한다.

3.3.2 피동 표지 없는 피동문

의미상의 피동이라고도 하며 타동사의 능동구문에서 원래 동작의 객체인 명사구를 주어로 끌어올린 문장이다.

衣服都洗好了。옷은 다 잘 빨았다.
这件事情你千万别忘了。이 일은 네가 제발 잊지 말아라!
书放在桌子上。책은 탁자 위에 놓았다.

3.3.3 '被' 등 피동 표지 피동문

'被'자 뿐만 아니라, '让', '叫', '给' 등의 전치사도 동일하게 피동문을 구성하며 편의상 '被'자문으로 통합하여 부르기로 한다.

1) '被'의 의미

「~에 의해」로 풀이되며 전체 피동문은「~에 의해 ~되다」로 해석된다.

他找到了我丢失的钱包。〉他把我丢失的钱包找到了。
(보통의 S + V + O 동사술어문 구조)

= 我丢失的钱包被他找到了。
〈객체〉〈주체〉

2) 피동문의 구성

객체는 특정한 대상이어야 하며 즉 구체적으로 화자에 의해 확인된 사물이며 동사 술어에는 부가 성분이 따라야 한다. 표로 먼저 살펴보자.

객체	被	주체	동사	부가성분
我妈妈	被	爸爸	感动	了。〈조사〉
那本书	被	小张	买	下了。〈방향보어〉
这些话	被	妹妹	听	见了。〈결과보어〉
屋子	被	我	收拾	得干干净净。〈정도보어〉
小王	被	爸爸	打	了一顿。〈수량보어〉
小李	被	公司	派	到中国去了。〈전치사구〉

여기서 주어의 위치에는 '특정의 객체'인 창문, 자전거, 내가 왔으며 동사는 능동문에서의 타동사가 오고 동사의 뒤에는 부가성분으로 각종 보어와 전치사구가 출현하였음을 알 수 있다.

问&答

问 : 원형명사인 '窗户', '自行车'는 특정한 대상인가? 아니면 불특정 대상인가?

答 : 중국어에서 원형명사는 어순에 의해 특정 여부가 결정된다.

房子他卖了。그 집은 그사람이 팔았다. [특정]
我想买房子。나는 집을 사고 싶다. [불특정]

3.3.4 '被'자문의 특징

1) '被' 뒤 동작 주체의 생략

동작 주체를 말할 필요가 없이 명확하거나 일반적인 「사람들」인 경우에 동작의 주체 생략이 가능하다. 그렇게 되면 '被' 뒤에 바로 동사가 위치하게 된다.

大门被吹开了。대문이 바람에 불어 열렸다.
我的电子词典被偷走了。나의 전자사전은 도둑맞았다.

2) 부정부사와 조동사 위치

부정의 부사 · 조동사 등은 '被'의 '앞'에 위치한다.[63)]

行李没有被他带走。짐은 그가 가지고 갔다.
他应该被自己的父母批评。그는 자신의 부모에게 비판받아야 한다.

그 밖의 부사도 일반적으로 '被'의 앞에 놓인다.

这个秘密已经被发现了。이 비밀은 이미 발견되었다.
你这样做非常容易被人误解。네가 이렇게 하면 남들에게 쉽게 오해받는다.

3) '被'자문과 화제문의 비교

'被'자문은 「피해를 당하다」, 「내 뜻이 아니다」 기분이 부가된다.

我的巧克力被他吃光了。 내 초콜릿은 그가 다 먹어치웠다.	我的巧克力吃光了。
房间已经被妈妈打扫干净了。 방은 이미 엄마가 깨끗하게 청소했다.	房间已经打扫干净了。

4) '被'자문의 동사 앞 '给' 부가

今天我差点儿被他们给打了。오늘 나는 하마터면 그들에게 맞을 뻔 했다.

---

63) 전치사에서 부정사와 조동사 앞의 위치인 B1에 해당한다.

他的女儿被他给惯坏了。그의 딸은 그에게 잘못 버릇들여졌다.

5) '被자문의 결과보어와 목적어

小李被大家选为班长。샤오리는 모두가 반장으로 뽑았다.
书被那个人拿走了一本。책은 그 사람이 한 권 가져갔다.
院子里被堆了很多东西。뜰 안에 많은 물건이 쌓였다.

6) '被'구문에서 사용하지 않는 동사와 표현

① 동사류

'是, 有, 在, 像, 属于' 등 동작성이 없는 동사는 사용이 불가하다. '把' 구문에서 사용하지 않는 동사와 거의 비슷하다. 그렇지만, '把' 구문만큼 까다롭지는 않다. 인지 관련 동사가 '把'자문에선 불가능한데 '被'자문에서는 가능하다.

(X) 这本小说被我有了。
(O) 昨天发生的事情被妈妈听见了。

② 가능 보어 또한 사용하지 않는다.

(X) 这些葡萄被他吃得完。

7) 또다른 피동표지 '让 / 叫 / 给'도 피동의 표시 단어

'让 / 叫 / 给'도 피동 표지로 '被'에 비해 구어적, 회화체에서 사용 빈도가 높다.

水果让他们吃光了。
我的自行车叫他修好了。
新买的衣服给弄脏了。
小张让汽车给撞伤了。
窗户叫台风给吹坏了。

※ 让 / 叫 = 일반적으로 동사와 바로 붙기 불가

(X) 水果让吃光了。
(X) 我的自行车叫修好了。

8) 고전중국어 '被'의 관용구

'被(为)… 所…'

고전 중국어가 살아남아 있는 피동 표현이다. 주로 서면어(문어체)에서 사용한다.

我被中国文化所吸引了。나는 중국문화에 빨려들어갔다.
市长的观点已为广大市民所理解。시장의 관점은 이미 많은 시민들의 이해를 받았다.
权为民所用, 情为民所系, 利为民所谋。
권력은 국민이 사용하고 인정은 국민이 맺으며 이익은 국민이 도모한다.

9) '把'구문과 '被'구문 비교

'把' 뒤에 놓인 사물이나 사람에게 적극적인 행위 · 처치를 가해, 그 사물을 어떻게 한 것인가를 나타지만 '被'구문은 '被' 뒤에 나온 주체에 의해 사물이나 사람이 어떻게 되어지는 것인가를 나타낸다는 점에서 다르다.

孩子们把我的房间弄乱了。 ⇒ 我的房间被孩子们弄乱了。
小李把桌子搬到教室去了。 ⇒ 桌子被小李搬到教室去了。

능동문과 피동문이 표리 관계에 있음. 바꿔 말하기 가능!

3.4 연동문

연동문이라 함은 동작 순서대로 동사(구)가 연속 출현 하는 구조의 문장으로 동작이나 행위가 이루어지는 순서에 따라 동사(구)를 이어서 사용한다.

3.4.1 연동문의 분류

유형	예문
동작 선후	今天我去银行取钱。오늘 나는 은행에 가서 돈을 찾는다.
동작 목적 (来/去)	小李来韩国学习韩语。샤오리는 한국에 와서 한국어를 배운다.
동작 방식	我跟我的日本朋友用汉语聊天。나는 나의 일본 친구와 중국어로 이야기 한다. 我喜欢听着音乐看书。나는 음악을 들으며 책보기를 좋아한다.
동작 결과 (V2=형용사)	小张喝酒喝醉了。샤오장은 술을 마시고 취했다. 大家听到这个消息高兴得不得了。모두 이 소식을 듣고 대단히 기뻐했다.
有	我有好消息告诉你。내가 좋은 소식이 있어서 네게 알려줄게.
V + buV	儿子闭着嘴一句话也不说。아이는 입을 다물고 한마디도 하지 않는다.
겸어식	爸爸让女儿学习汉语。아빠는 딸더러 중국어를 배우게 한다.

3.4.2 연동문의 구성

여기서는 가장 상용하는 연동문 형식인 목적 관계 연동문과 겸어식 연동문, '有'연동문의 구성을 살펴보도록 한다.

1) 동작 목적 관계 연동문

주어를 공유하고 동사 술어가 연이어 나가는 형식이다.

주어 동사1 (목적어2) 동사2 (목적어2)
昨天 小王 + 来我家 + 吃饭。2개의 동사 술어

목적 관계 연동문은 시간적 논리적으로 동작의 선후 관계를 함께 가지고 있다.

我们去博物馆参观。

논리적으로 박물관에 가야 관람이 이루어지게 되므로 앞뒤 순서에 따른 선후 관계 또한 존재함을 알 수 있다.

2) 겸어식 연동문

① 겸어문의 구성

겸어식 연동문은 앞의 동사 술어1의 목적어1이 뒤의 동사 술어2와 문장성분으로서 관계하는 것이다. 가장 흔한 문장성분은 술어2의 주어2가 되는 것이다.

我的朋友请我参加她的生日晚会。나의 친구는 내게 저녁 생일모임에 초대했다.

주어1 + 술어1 + 목적어1
我的朋友 请 我
술어1의 '请' 「(말하여)~청하다」는 '我的朋友'의 동작·행위

주어1 + 술어2 + 목적어2
我 参加 她的生日晚会
⇒ 술어2의 '参加'는 「참가하다」는 '我'의 동작·행위

我 = 목적어1과 주어2의 두 가지 역할을 겸직한다.
주어1 + 술어1 + 목적어1/주어2 + 술어2 + …

② 겸어식 연동문의 분류

No.	분류	예시
1	사역 요청	叫 让 使 派 求 请
2	호칭 인정	称 认 骂 选
3	애증 호불호	爱 喜欢 批评 原谅 嫌 恨 我喜欢他老实。나는 그가 성실해서 좋아한다
4	설명 묘사	改编 编 摆 他们编了一部词典带插图。그들은 그림이 삽입된 사전을 한 부 편찬했다.
5	有 소유 존재	他有一个儿子很可爱。그는 아들이 하나 있는데 아주 귀엽다.
6	是 강조	是他告诉了我这个消息。그가 내게 이 소식을 알려준 거다.
7	간접목적어	你借我车用用，可以吗？너 내게 차를 좀 쓰게 빌려줘도 괜찮니?

③ 상용 겸어식 구문의 비교

가. 사역류 동사 : '让 叫 使'

让 : 목적어1의 의도대로 시켜주다, 허락하다

주로 '让我', '让我们' 등 일인칭 대명사를 사용하여 말하면 화자 자신의 바람을 나타낸다.

金老师不让我们进去。김선생님은 우리들에게 들어가지 못하게 했다.

同学们让我做代表。친구들은 나더러 대표를 하라고 한다

妈妈没让弟弟玩电脑。엄마는 동생이 컴퓨터로 놀지 못하게 했다.

'叫' : 상대에게 「말해서 ~시키다」 : 강제 사역 행위

李老师叫小张明天下午给他打电话。

이 선생님은 샤오장더러 내일 오후에 그에게 전화하라고 하였다.

我叫男朋友在学校门口等我。나는 남자친구에게 학교 문 앞에서 나를 기다리게 하였다.

'使' : 딱딱한 문어체 말투로 정적인 표현에 사용

这件事使我明白了一个道理。이 일은 나에게 한 가지 이치를 깨닫게 하였다.

小李的话使他的妈妈大吃一惊。샤오리의 말은 그의 엄마를 크게 한 번 놀라게 하였다.

나. 요청류 동사 '派 求 请' 등

사람에게 압력을 넣어 「~시키다」라는 의미 포함한다.

'派' 파견하여 ~시키다.

老板派了三个人去帮他搬家。사장은 세 사람을 보내 그가 이사하는 것을 도왔다.

公司派我明天去美国出差。회사에서 나를 파견하여 내일 미국으로 출장가라고 한다.

'求' 부탁하다

我求你给我一次机会。네게 기회를 한 번 달라고 부탁한다.

我求您帮我做一件事。당신께 나를 도와 한 가지 일을 해달라고 부탁한다.

'请' 요청하다

我妈妈请我的中国朋友到我家来吃晚饭。

우리 엄마가 내 중국친구가 우리집에 와서 저녁먹으라고 초대한다.

小李请张小姐给他买火车票。샤오리는 미스 장에게 그를 위해 기차표를 사오라고 한다.

V1의 의미에 따른 분류

다. 호칭이나 인지류 동사 : '称' '认' '选'

有些人称他为"神医"。어떤 사람들은 그를 일러 신의라고 한다.

我结果认了她做妹妹。나는 마침내 그녀를 내 여동생으로 인정했다.

韩国人选她当总统。한국인은 그녀를 대통령으로 뽑았다.

④ 사역류 동사의 부정과 의문

가. 부정

부정문은 '不'나 '没'를 '让, 叫'의 앞에 둔다.

父母都不让我看这种书。부모님은 내가 이런 책을 보지 못하게 하신다.

李老师没叫小王去办公室。이선생님은 샤오왕더러 사무실에 가라고 하지 않았다.

나. 의문문

'吗' 의문문이나 술어1을 반복시켜 정반의문문을 구성할 수 있다.

爸爸让弟弟去买方便面吗? 아빠가 남동생더러 컵라면을 사오라고 시켰니?

爸爸让不让弟弟去买方便面? 아빠가 남동생더러 컵라면을 사오라고 시켰니? 안 시켰니?

3) '有'를 사용하는 연동문

'有'를 사용한 겸어식 연동문에서 '有'의 목적어는 '一个…' '几个…' '人' 등과 같이 불특정한 존재를 목적어로 취하고 뒤에 술어를 연결한다. 경우에 따라서는 문두에 주어1이 없기도 하다.[64)]

楼下有个人要见你。아랫층에 어떤 사람이 너를 만나려고 해.

有人找你。어떤 사람이 너를 찾는다.

'有' 연동문 중에는 목적어1이 주어2가 되지 않고 술어2의 목적어2가 되거나 피수식어가 된다. 목적어의 의미 유형은 장소, 객체, 내용 등으로 다양하게 올 수 있다.

有一辆汽车正在修理。차 한 대가 지금 수리 중이야.

我没有理由不喜欢他。그를 좋아하지 않을 이유가 없어.

64) 연동문 앞 주어와 술어를 각각 주어1, 술어1 뒤의 주어와 술어를 주어2, 술어2 라고 한다.

3.4.3 연동문의 공기(共起) 성분

1) 부사

일반적으로 연동문의 부사는 술어1 앞에 둔다. '不', '也', '都', '就' 등의 부사는 일반적으로 V1 앞에 놓는다.

我们正在劝客人不要走。우리는 손님에게 가지말라고 부탁하는 중이야.
我父母不让我一个人出去旅行。우리 부모님은 나 혼자서 여행 나가지 못하게 하셔.

2) 부사어

동사나 형용사로 구성되어 술어2의 동작과 직접적으로 긴밀히 관련된 묘사성 부사어라면 해당되는 술어 앞에 두어야 한다.

张老师让我们好好工作。장선생님은 우리들더러 열심히 일하라고 해.
她有一件衣服非常漂亮。그녀에게 옷 한 벌이 있는데 아주 예뻐.

3) 동태조사 '了' 위치

동태조사 '了'는 동작의 완료 실현을 표시하는데 연동문의 전체 실현을 나타내기 위해서는 최종 동작이 끝나는 마지막 술어의 뒤에 놓아야 한다. 목적 관계 연동문에서는 술어2가 술어1을 행한 후 연이어 실행되는 동작이므로 술어2에 동태조사를 둔다.

완료 사건: 「~했다」의 了는 맨 끝의 V에
我去找他谈了那件事情。나는 그를 찾아가 그 일을 의논했다.
今天下午小李一个人去操场锻炼了。오늘 오후에 샤오리 혼자서 운동장에 가서 운동했다.
(X) 我去找了他谈那件事情。
(X) 今天下午小李一个人去了操场锻炼。

선후 관계를 나타내는 연동문에서 술어1을 완료한 후 술어2를 시행한다는 의미를 표현하려면 술어1에 동태조사 '了'를 결합시켜야 한다.

小王吃了晚饭就出去散步。샤오왕은 저녁밥을 먹고 나가서 산책을 한다.

我们下了课就去看电影。우리는 수업이 끝나고 영화를 보러 간다.

4) 연동문과 동사술어문과의 구별

모든 동사성 어구가 술어2가 되는 것은 아니다. 일부 심리나 인지 활동을 나타내는 동사들이 취하는 동사성어구는 용언성 목적어이다. 당연히 목적어를 취하는 표현은 연동문이 아니라 동사술어문이다.

'我 喜欢 [看 电影]。' 나는 영화 보기를 좋아한다. 동사 목적어 '我 希望 [成为 大富翁]。'나는 큰부자가 되고 싶다. 동사 목적어위에서 좋아하는 대상, 희망하는 대상이 각각 영화보기와 큰부자가 되기이다. 뒤의 이어지는 동사 술어2는 동사 술어1에서 이어지는 연속된 동작이 아니라 동사 술어1의 영향을 받는 대상인 목적어다.

3.5 비교문

3.5.1 비교문의 기본 구성

비교란 사물과 사물, 행위와 행위, 상태와 상태 등에서 그 차이를 견주어 보는 것이다. 그리고 그 차이는 일정한 정도차로 표현된다. 비교문의 구성은 둘 이상의 항목이 필요하며 비교를 하는 비교항인 비교주체, 비교의 대상이 되는 비교객체(比较主方)와 비교객체(比较客房) 및 비교결과(比较结果)로 구성된다고 할 수 있다.

3.5.2 비교의 유형

비교는 양자 혹은 다자간의 차이를 가늠하기 위한 방법이다. 중국어에서는 다양한 비교의 방법이 존재하는데 이를 정리해 보면 다음과 같다.

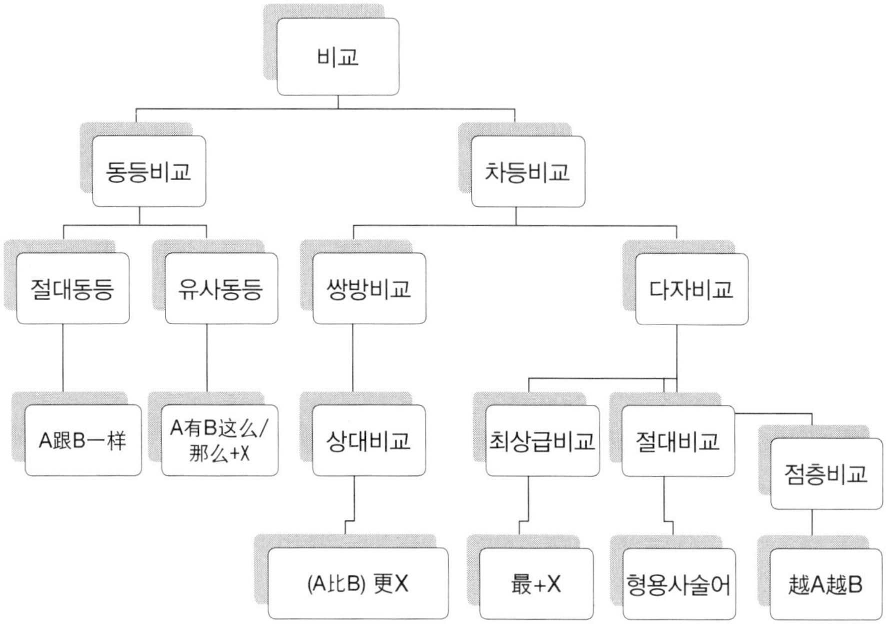

이제부터 차례대로 비교의 형식과 의미에 대해 살펴보고자 한다.

3.5.3 동등비교

1) 절대동등 표현 'A跟B一样' : A와 B는 같다

① 긍정형

A와 B가 완전 동일함을 나타낸다.

他的意见跟我的意见一样。 그의 의견은 나의 의견과 같다.
我去跟他去一样不一样? 내가 가는 것과 그가 가는 것이 같냐 다르냐?

② 부정형

형용사 '一样' 앞에 부정부사 '不'를 넣으면 된다.

他的意见跟我的意见不一样。

我去跟他去不一样。?

③ 의문형

'吗'를 쓰는 의문문

他的意见跟我的意见一样吗？
我去跟他去一样吗?

정반의문문 '一样'의 긍정형 부정형 나열

他的意见跟你的一样不一样?
我去跟他去一样不一样?

2) 유사 동등 표현 : 'A有B 那么 / 这么' : A는 B와 거의 같다

'有'는 ~에 준하는, ~에 이르는 등 기준치에 어느 정도 이르고 있음을 의미한다. 즉 '有'는 성질과 수량이 일정의 정도 도달한 것이다. 주로 비교객체 뒤 비교 결과 앞에 '那么 / 这么'가 오지만 수시로 생략이 가능하다. 주로 부정형이나 의문형에 더 많이 쓰인다.

① 긍정형

这种西瓜有那种(那么)甜。이 수박은 저거만큼은 달다.
他弟弟有我(这么)高了。그의 남동생은 나만큼 컸다.

② 부정형

这种西瓜没有那种(那么)甜。이 수박은 저것 만큼은 달지 않다.
他弟弟没有我(这么)高了。그의 남동생은 나만큼 크지 않다.
他们那里没有这儿这么冷。그사람들 그쪽에는 여기만큼 이렇게 춥지 않아요.
他没有她那么爱看电影。그는 그녀만큼 그렇게 영화보기를 좋아하지 않는다.

③ 의문형

这种西瓜有那种那么甜吗? 이 수박은 저 수박만큼 다니?
他弟弟有没有我这么高? 그의 동생은 나만큼 이렇게 커?

다른 '有'동사문의 부정형과 마찬가지로 비교문에서의 '有'의 의문형도 부정 형식을 문장 끝으로 보내는 것이 가능하다.

他弟弟有我这么高没有?

3.5.4 차등비교

일반적인 비교는 차등비교로 그 중에서 양자 간의 대립을 통한 비교는 가장 일반적이면서도 이해하기 쉬운 비교의 형태이다. '比'자문을 활용해서 표현할 수 있다.

비교주체 + '比' 비교 객체 + 비교결과(상대정도부사 + 형용사)

1) 긍정형

긍정형은 우등비교이다. 비교주체가 비교객체보다 뛰어남을 의미한다.

弟弟比我高。남동생은 나보다 크다.
南方人比北方人喜欢吃大米。남방사람들은 북방사람들보다 쌀밥을 좋아한다.
骑自行车比坐车要快得多。자전거 타는 게 차타는 것보다 훨씬 더 빠르다.

비교의 의미를 강화하기 위해 '要'를 사용하는데 위치는 '比'의 앞에 둔다.

今天要比昨天热。오늘은 어제보다 덥다.
小李目前的状况要比他好很多。샤오리의 눈 앞에 닥친 상황이 그보다는 훨씬 더 좋다.

2) 부정형

부정형은 일종의 열등비교이다. 비교주체가 비교객체보다 못함을 표현한다.

① '没有'

일반적인 부정 형식이다.

今天没有昨天(那么)热。오늘은 어제만큼 그렇게 덥지는 않다.

他没有你(那么)细心。그는 너만큼 세심하지 못하다.
我没有他唱歌唱得(那么)好。나는 그가 노래 부르는 만큼 잘 부르지 못한다.

② A不如B형

A不如B는 A는 B에 미치지 못한다는 의미로 역시 열등 비교라고 할 수 있다.

这种文字外处理机不如那种。이 문자처리기는 저것보다 못하네.
晚去不如早去好。늦게 가는 게 일찍 가는 것만 못하다.

③ 不比형

단순한 열등비교가 아니라 동등함을 표현한다. 부정적인 형용사와 쓰이면 비교객체도 뛰어나지만 비교주체도 적어도 동등하거나 그 이상일 수 있음을 표현할 수 있다. 따라서 '比'자문의 직접적인 부정 대응 형식이라고는 할 수 없다.

我不比他差。나는 그보다 모자라지 않아. [그와 같거나 그보다 더 나음]
他的汉语不比我好。그의 중국어는 나보다 낫지 않아. [그와 같거나 나보다 못함]

④ '没有'와 '不比'의 비교

	A没有B(这么 / 那么)X	A不比B X
정도 차이	X에 대하여 A < B	X에 대하여 A≦ B
X의 의미	X= 긍정적, 적극적 의미	X= 소극적&적극적 모두
	我的个子没有你高。 * 我的个子没有你矮。	他的个儿并不比你高。 我像你这么大的时候头发不比你少。
선호형식	부정형 没有 위주(긍정형=有보다)	주로 긍정형 =比자문 사용
	那件没有这件漂亮。	这件比那件漂亮。
전달 의미	비교주체의 열등함 표현	X의 반의어의 긍정을 강조 비교주체의 동등하거나 우등함 강조

3) 의문형

일반적으로는 '吗'의문문 사용하고 '有'는 정반의문문 형태로 많이 쓴다.

这座山比那座山高吗? 이 산은 저 산보다 높은가?
他姐姐有没有我(这么)高? 그의 누나는 나만큼 크니 안 크니?

4) 정도차의 명시

比자문 "A比BX" 형식을 응용하여 정도차(差量)를 명확히 나타낼 수 있다.

① 확실한 차이

비교의 결과로 나타난 차이의 양(=差量)은 형용사의 뒤

哥哥比我大三岁。 오빠는 나보다 세 살 많다.
这个西瓜比那个重一斤。 이 수박은 저것보다 한 근이 더 무겁다.

② 불확실 대량의 정도차

비교한 결과의 차이가 클 때는 '-得多'나 '-多了'를 쓴다.

骑自行车比坐车要快得多。 자전거 타는 게 차타는 것보다 훨씬 더 빠르다.
她比你好得多。 그녀가 너보다 훨씬 더 좋다.
你比我漂亮多了。 네가 나보다 훨씬 예쁘다.
比以前干净多了。 예전보다 훨씬 깨끗해졌다.

③ 불확실한 소량의 정도차

극소량 표현의 수량사인 '一些', '一点儿'을 비교결과인 형용사의 뒤에 첨가하여 양의 적음을 표현할 수가 있다.

他比我大一点儿。 그는 나보다 (나이가) 좀 많다.
他比我高一些。 그는 나보다 다소 (키가) 크다.
他比我唱得好一点儿。 그는 나보다 좀 더 잘 부른다.

5) '比'자문의 상대 정도부사

일반적으로 비교의 의미를 가지고 比자문에 사용하는 정도부사는 '更, 还'가 대표적이다. '更'이 비교적 객관적 표현이라면 '还'는 말하는 이의 기분이나 감정이 다소 섞인 주관적 표현이다.

我家的耗子比猫还大。우리 집의 쥐는 고양이보다도 크다니깐!
我家的耗子比猫更大。우리 집의 쥐는 고양이보다 더 크다!
今天比昨天还冷。오늘이 어제보다 더 춥다.
这个办法比那个办法更好。이 방법이 저 방법보다 더 좋다.

6) 다자간 차등 비교

다자간 비교에서 가장 뛰어나다는 점에서 최상급 비교가 된다. 최상급 표현은 최상급 비교 표시 부사를 사용하거나 특수 관용 구문을 통해 표시하다.

① '最'

세 개 이상의 다자 비교에는 '最'를 쓴다. 주체와 객체의 이분법적인 쌍방비교인 '比'자문과는 표현의도부터가 다르므로 함께 쓰일 수 없다.

北京秋天天气最好。북경의 가을이 날씨가 제일 좋다. [춘하추동의 4자 대결]
他最喜欢听音乐。그는 음악을 가장 좋아한다. [좋아하는 다른 취미가 둘 이상 존재]

② '比' + 의문대명사 + '都~'

'比'자문에 의문대명사와 '都'가 함께 오면 다수의 비교 객체를 만들어 내므로 비교 주체가 다수의 비교 객체에 대해 우등함을 보여주는 최상급 비교 형식이 된다.

她比谁都聪明。그녀는 누구보다도 똑똑하다.
西湖的风景比哪儿都美。서호의 풍경은 어느 곳보다도 아름답다.

③ 점층 비교

가. '一' + 양사 '比一' + 양사

매 회차의 비교는 일대일이지만 시간적 추이에 따라 지속적으로 비교를 한다는 점에서 복수의 양자 비교라고도 할 수 있다.

天气一天比一天暖和了。날씨가 하루 하루 따뜻해졌다.

这几年总的情况是一年比一年好。요 몇 년간 전체적인 상황이 해마다 좋아진다.

나. '越~越~'

他们越听越高兴。그들은 들을수록 기뻤다.

睡懒觉让人越睡越累。늦잠은 자면 잘수록 사람을 피곤하게 만든다.

越不饱, 干活越累, 越累越饿, 越饿 越吃不饱, 恶循环。

배부르지 않을수록 일할 때 더 피곤하고 피곤하면 할수록 더 배가 고프고, 배가 고프면 고플수록 배불리 먹을 수가 없고 악순환이다.

问&答

问： '他比我好'의 부정은 왜 '不比'형을 쓰지 않고 '没有'형을 써야 하나?

答： 그가 나보다 좋다는 것은 내가 그만 못한 것인데 이것을 부정하면 내가 그보다 낫다가 된다. 이것은 다시 그가 나만 못하다는 의미이므로 기준치에 근접하지 못했다는 '没有'로 부정해야 한다. "他没有我好。" 나에게는 못 미친다는 말이다.

만약 '不比'로 부정하여 "他不比我好。"라고 하게 되면 반의표현의 긍정을 강조하게 되어 나도 좋지 못하고 그도 나만큼 못하거나 그 이상 못하다는 것을 의미하게 되어 우리가 일반적으로 생각하는 긍정에 대한 부정이 아니다.

问&答

问： 정도차가 크게 남을 표시하는 '很', '非常' 등은 비교문에서 왜 사용할 수가 없는가?

答： 중국어의 정도부사는 상대정도부사와 절대정도부사가 있으며 '很'이나 '非常'은 절대정도부사로 사회 다수의 평균 기준치에 의거 정도차를 표현하므로 비교주체가 비교객체와 상대적 비교를 하는 상황에서는 쓸 수 없다.

思考与练习

1. 다음 괄호 안에 설명이 맞으면 'ㅇ'를, 틀리면 'X'를 넣으세요.

① '最'는 쌍방 비교에도 사용할 수 있다. (　　)

② '不比'는 경우에 따라 동등 비교의 의미를 가질 수 있다. (　　)

③ 일반적으로 '把'자문에는 '了､着'를 쓸 수 있지만, 현재와 단절된 과거의 경험을 나타내는 '过'는 쓸 수 없다. (　　)

④ '把'자문에는 '知道､认为､看见､碰见'과 같은 동사가 쓰일 수 있다. (　　)

⑤ '호칭'이나 '인정'을 나타내는 동사들은 '被'자문에서 사용할 수 없다. (　　)

⑥ '被'자문에는 동작의 지속을 나타내는 조사 '着'가 올 수 없다. (　　)

⑦ 대상이 어디에 존재함을 알고, 그 대상이 유일한 존재이면 동사 '是'를 쓴다. (　　)

⑧ 대상이 존재하는 위치를 모를 때는 동사 '有'를 사용한다. (　　)

⑨ 겸어문에서 '了､着､过'는 두 번째 술어 뒤에 놓인다. (　　)

⑩ "他累得躺在沙发上睡着了。"는 연동문이 보어로 쓰인 예이다. (　　)

2. 다음 괄호 안에 알맞은 단어를 골라 넣어보세요.

① 我的那一本书(__________)撕破了。　〈 让 / 被 〉

② 我(__________)那杯茶喝光了。　〈 被 / 把 〉

③ 电脑(__________)我妈妈用坏了。　〈 把 / 叫 〉

④ 教室里(__________)一些桌子和椅子。 〈 **有 / 是 / 在** 〉

⑤ 那个人(__________)办公室里。 〈 **有 / 是 / 在** 〉

⑥ 学生宿舍的旁边(__________)图书馆。 〈 **有 / 是 / 在** 〉

⑦ 火车很快, 飞机(__________)火车还快。 〈 **比 / 跟** 〉

⑧ 小王的口语(__________)小李。 〈 **没有 / 不如** 〉

⑨ 小李汉语说得(__________)中国人差不多。 〈 **有 / 跟** 〉

⑩ 我认识的字(__________)你少。 〈 **没有 / 不比** 〉

3. '我**把**你的杯子**打破了**'와 '你的杯子我**打破了**'의 차이점과 문장 해석을 써 보세요.

➜ ____________________

____

4. 다음 문장을 해석해 보세요.

① 客厅里坐着三位客人。

➜ ____________________

② 天上飞着三只鸟。

➜ ____________________

③ 上个星期我们班来了一个新同学。

➜

④ 小李家跑了一条小狗。

➜

⑤ 前边没开过来汽车。

➜

5. 다음 문장의 첫 번째 술어와 두 번째 술어의 관계와 문장 해석을 써 보세요.

① 我来中国学习汉语。➜

② 小李去医院看病。➜

③ 爸爸常常躺着看电视。➜

④ 小王看书看累了。➜

⑤ 他有事情来找你。➜

⑥ 大家选小王当班长。➜

⑦ 妈妈让弟弟洗衣服。➜

6. 다음 단어들을 이용하여 적절한 표현이 되도록 만들어 보세요.

① 朋友, 我, 李, 有, 姓, 一个

➜ ______________________________

② 晚饭, 小李, 他, 请, 吃

➜ ______________________________

③ 汽车, 这条路, 不, 让, 进去

➜ ______________________________

7. 다음 문장에서 틀린 부분을 지적하고, 틀린 이유를 설명해 보세요.

① 听说别的国家的情况也这里一样。

➜ ______________________________

____

② 我的房间没有你的小。

➜ ______________________________

____

③ 这座山比那座山非常高。

➜ ______________________________

____

参考资料

耿直 2013『基于语料库的比较句式“跟”、“有”、“比”的描写与分析』, 复旦大学出版社.

高增霞 2006『现代汉语连动式的语法化视角』, 中国档案出版社.

屈哨兵 2008『现代汉语被动标记研究』, 华中师范大学出版社.

刘培玉 2009『现代汉语把字句的多角度探究』, 华中师范大学出版社.

刘焱 2004『现代汉语比较范畴的语义认知基础』, 学林出版社.

范晓 1998『汉语的句子类型』, 书海出版社.

吴卸耀 2006『现代汉语存现句』, 学林出版社.

张先亮､范晓 2010『现代汉语存在句研究』, 中国社会科学出版社.

许国萍 2007『现代汉语差比范畴研究』, 学林出版社.

邢福义 2006『汉语被动表述问题研究新拓展』, 华中师范大学出版社.

邢欣 2004『现代汉语兼语式』, 北京广播学院出版社.

Chang Yang 2014《한 · 중 피동문 대조 연구 : 한국어 파생적 피동문을 중심으로》, 경북대학교 석사학위논문.

Wang Duan 2012《한국어와 중국어의 피동문 대조 연구》, 이화여자대학교 석사학위논문.

김봉민 2012《한국어와 중국어의 사동사 대조 연구》, 경희대학교 박사학위논문.

김종호 2011〈汉韩差比句里比较结果成分对比 -以名词充当的比较结果为例〉, 중국언어연구 제37집.

김종호 2012〈현대중국어 ‘SV着O’식 존재구문의 이해와 한역〉, 중국어문학논집 제75호.

梁媛 2012《韩中条件复句对比》, 延边大学 硕士.

양금평 2013《한 · 중 피동 표현 대조 연구》, 경희대학교 박사학위논문.

왕례량 2009〈한국어 사동 표현과 중국어와의 대조 연구〉 중국학연구 제50집.

임미나 2013〈중､한 비교구문 대조연구〉, 중국어교육과연구 제18호.

장효만, 왕신연, 상안신 2013〈試論漢語表致使義的 “讓” 字結構及其對應的韓語表達〉, 중국언어연구 제46호.

조나영 2011《현대중국어 지속 의미 ‘V着’의 한국어 대응 형식 연구》, 연세대학교 석사학위논문.

진려하, 김정남 2013〈한국어 중의적 ‘-고 있다’와 중국어 ‘在’, ‘着’의 대응 양상 연구〉 한국언어문학 제85호.

최신혜 2013〈한국어와 중국어의 소유 · 존재 개념 표현 고찰 : ‘有’, ‘在’, ‘있다’를 중심으로〉 중국어문논총 제56집.

최영 2008《한국어와 중국어 피동문의 대조 연구》, 연세대학교 석사학위논문.

胡晓清､김인철 2011〈汉语 “把” 字句的韩国语对应形式及其翻译偏误分析〉, 中国人文科学 제47호.

이민우(李玟雨)

서울대학교 중어중문학과 학부 졸업
서울대학교 중어중문학과 대학원 석사 졸업
중국 상해사범대학교 언어학연구소 현대한어전공 박사 졸업
현) 성신여자대학교 교수

주요논저

现代汉语数量表达的研究 2001
현대중국어 차원형용사 '大'의 인지의미론적 연구 2001
중국어의 함축 현상 2003
현대중국어의 주어 생략에 관한 연구-주어에 대한 재인식을 바탕으로 2005
現代中國語 '有(一)點(兒)'의 模糊 極少量 表現에 관한 소고 2008

현대 중국어 문법론

초판 1쇄 발행 _ 2014년 8월 31일

저　　자 · 이 민 우
발 행 인 · 정 현 걸
발　　행 · 신 아 사
인　　쇄 · 예지인쇄
출판등록 · 1956년 1월 5일 (제9-52호)
주　　소 · 서울특별시 은평구 녹번동 28-36번지 2F
전　　화 · (02)382-6411 · 팩스 (02)382-6401
홈페이지 · www.shinasa.co.kr
E-MAIL · shinasa@daum.net

ISBN: 978-89-8396-879-1 (93720)

정가 15,000원